관계의 발작과 경련

그대는 지금
장차 그렇게 될 모습처럼 성스럽다.
그대가 준비되자마자
신께서는 자신을
그대 안에 쏟아붓게 될 것이다.

- 올더스 헉슬리 -

본 에세이는
2019년 2월 19일부터 7년간 매일 읽은 새벽 독서로부터의 지식과 영감을
2022년 8월 18일부터 3년간 매일 에세이로 풀어낸 소고(小考)들입니다.

이성과 감정으로 인간을 탐구, 삶의 원리와 성찰을 담은 본 글은
이성 편, [감정이 각도를 잃으면 정신은 온도를 잃는다]와
감정 편, [관계의 발작과 경련],
2권으로 출간되었습니다.

인간으로, 어른으로, 엄마로, 교육자로, 작가로의 제 삶에 대한 진한 토로와 깊은 성찰, 무한한 잠재의 민낯이 고스란히 담긴 저의 글이 저와 같이 인간을 알고 이해하고 현상을 해석하고 진리를 탐구하고자 하는 모든 독자, 특히 글 쓰는 작가들에게 꼭 필요한 효모가 되길 간절히 바라는 마음입니다.

출간까지 격려와 응원을 아끼지 않았던 건율원 식구들, 새벽독서 동반자들, 저의 에세이 한편한편에 소중한 댓글로 마음을 보내주신 독자들께 깊은 감사를 드립니다. 아울러 저의 글 한줄한줄을 깊게 이해하며 디자인과 그림으로 표현하려 수개월간 애써주신 정근아, 이화정 작가, 꼭 책이 되어야 할 글이라 독려해 주시어 출간을 맘먹게 해주신 김경숙 시인께 그 누구보다 감사를 드립니다. 또한, 글 쓰느라 제대로 관심 주지 못한 가족, 그럼에도 불구하고 글 쓰는 엄마를 더 믿어주고 사랑해 준 딸과 아들에게 무한한 고마움을 담아 이 책을 선사합니다.

2025. 09. 03
김 주 원

프롤로그

'불안'에 대하여 – 나이들면 괜찮을 줄 알았는데 여전히 불안한 나에게 12
'감각'에 대하여 – 식사가 끝난 후의 겨자 18
'자존감과 존재감'에 대하여 – 공든 탑도 무너진다. 24
'위기감'에 대하여 – 나를 꼭 안아줘야겠다. 34
'공포심'에 대하여 – 이제 자신의 힘을 되찾을 때다. 42
'나태와 여유'에 대하여 – 악마도 구원받기 위해 하나의 인간을 세운다는데… 50
'용기'에 대하여 – 용기는 계산하면 드러난다. 54
'관계'에 대하여 – 관계의 발작과 경련 60
'진솔함'에 대하여 – 환장하겠네. 64
'원망'에 대하여 – 길을 잃은 자체가 벌이니… 70
'궁극의 쾌락'에 대하여 – 이것이 쾌락이다! 74
'고립'에 대하여 – 거목이 되기 위한 묘목의 길이길 78
'공유'에 대하여 – 내게서 달아났지만 84
'자만과 탐닉'에 대하여 – 신관(神官), 신이 내게 벼슬을 허락했다니! 88
'갈구와 체념'에 대하여 – 어떻게 제비가 백조와 겨룰 수 있겠습니까? 91
'기적'에 대하여 – 비약을 보행으로 98
'사치와 구속'에 대하여 – 나는 사치스럽게 살고 싶다. 102

항목	페이지
'운'에 대하여 - 놀이터를 가졌으니 어찌 운좋다 아니할까!	106
'취미'에 대하여 - 취미? 사는 게 취미지	118
'무기력'에 대하여 - 에너지를 채우고 높이는 단순한 원리	122
'사소함'에 대하여 - '0'을 만드는 삶	128
'자격지심'에 대하여 - 자격지심, 널 외면하더라도 날 해치지 말아달라.	134
'순수'에 대하여 - '순수'는 인간이 꽃을 피우는 것이다.	140
'질투'에 대하여 - 타인의 고통앞에서만 미소짓는 '질투'	142
'외로움'에 대하여 - 외로움의 두갈래 길	147
'결핍'에 대하여 - 결핍이 진정 단념의 이유인가?	153
'의지박약'에 대하여 - 진실해 보이려 더 길게 기도할 필요가 있을까?	160
'옹졸'에 대하여 - 어리석게 일관된 장난	166
'자신감'에 대하여 - 자신이 없는 것인가, 자만한 것은 아닌가?	172
'반성'에 대하여 - 인간은 '반성'에 예속된 하나의 추상물	177
'압박감'에 대하여 - 내게로 흘러온 비밀스런 능력	182
'수치심'에 대하여 - 하나의 수치는 하나의 신뢰와 맞먹는다.	186
'좌절감'에 대하여 - 내 능력을 무시하고 내 의지를 배반한 처사	192
'간절함'에 대하여 - 앙망은 신적	196
'착함'에 대하여 - 너는 주위의 장난감이 된 것이다.	199
'기대'에 대하여 - 기대해서 믿었나, 믿기에 기대했나...	203

'불안'에 대하여

나이들면 괜찮을 줄 알았는데 여전히 불안한 나에게

27이 되면 안정될 줄 알았다. 27이라는 나이는 꽤 멋있게만 상상되었었다. 근사한 옷을 입고 당당하게 내 일터에서 자유롭게 내 얘기를 주고받을 수 있는… 그러나, 나의 27은 그저 앞만 보고 내달리는 조금 후줄근한 나였다. 당시 나는 다큐멘터리를 제작하는 구성원으로 여기저기 사건현장을 뒤지고 다녔다. 차안에는 언제든 대기중인 목욕용품과 갈아입을 옷, 입던 옷이 뒤섞여 너저분했다. 아무데서나 먹고 입고 자고 씻고….

27이 지나고는 40이 되면 진짜 안정되고 편안할 줄 알았다. 근사한 남편에 사랑스런 아이도, 큰 집과 경력으로 끌어올린 멋진 나만의 일도 가진, 그렇게 여러마리 토끼를 다 잡아낸 사람. 그러나 나의 40은… 음… 외양적으로는 다 가졌을지 몰라도 공허와 허무와 무의미에 빠져 '사는 게 사는 게 아니'라는 말만 반복하면서 매일 아침 눈뜨는 것이 서글플 정도로 그렇게 '아침에 기분좋게 눈뜨는' 것이 최고의 꿈이 되어버린 나로 나는 살고 있었다.

40이 지나 50에는 '다 필요없고 그저 평안하고 안정'된 삶이 올 줄 알았다. 숫자에 대한 이상(理想)에 2번 당했으니 3번째는 당하고 싶지 않았다. 이상

(理想)이 이상(異常)해진 나를 그냥 방치하면 안될 것 같았다. 나의 자아가 폭발직전의 화를 품고 있었으며 그대로 계속 살다간 근사한 외양과는 달리 쪼그라드는 내면의 자아에게 몹쓸 짓을 할지도 모르는 내가 되어 가고 있었다.
왜 늘 추구하는 평안과 안정은 그리도 멀게만 느껴진 것일까?
난... 불.안.했다.

나이가 들면 괜찮아질 줄 알았는데...
여전히 불안했던 내게...
나는 아주 거칠고도 단호하게 **원리**를 주입시켰다.

이쪽에는 저쪽이 없고 저쪽에는 이쪽이 없다.
행복에는 불행이 없고 불행에는 행복이 없다.
불안에는 평안이 없고 평안에는 불안이 없다.
만족에는 불만이 없고 불만에는 만족이 없다.
수평에는 수직이 없고 수직에는 수평이 없다.
직선에는 곡선이 없고 곡선에는 직선이 없다.
평면에는 굴곡이 없고 굴곡에는 평면이 없다.
고통에는 쾌락이 없고 쾌락에는 고통이 없다.
이성에는 감성이 없고 감성에는 이성이 없다.
암흑에는 밝음이 없고 밝음에는 암흑이 없다.
추위에는 더위가 없고 더위에는 추위가 없다.
기쁨에는 슬픔이 없고 슬픔에는 기쁨이 없다.
과거에는 미래가 없고 미래에는 과거가 없다.
유형에는 무형이 없고 무형에는 유형이 없다.

한계에는 경계가 없고 경계에는 한계가 없다.
유한에는 무한이 없고 무한에는 유한이 없다.
열림에는 닫힘이 없고 닫힘에는 열림이 없다.
위에는 아래가 없고 아래에는 위가 없다.
땅에는 하늘이 없고 하늘에는 땅이 없다.
시작에는 끝이 없고 끝에는 시작이 없다.
선에는 악이 없고 악에는 선이 없다.
불에는 물이 없고 물에는 불이 없다.

이쪽이 있어야 저쪽이 있고
저쪽이 존재해야 이쪽이 존재한다.
이쪽에서 저쪽으로 향하는 것이 자연의 길.

이쪽과 저쪽,
상반된 극과 극사이에 놓인 갈등, 충돌, 혼란, 파괴, 생성, 고통, 불만,
그것들을 지나는 과정에서 느껴지는 감정…

불안.

결국, 이쪽에서 저쪽으로 향하는 과정자체가 자연과 삶의 진화를 향한 의지임에도 불구하고 자꾸만 이쪽을 피해 저쪽으로 뭔가를 쫓고 있었던 것이다. 불안없이 이쪽에서 저쪽으로 갈 것이라는 말도 안되는 허상이자 몽상에 빠졌던 것이다. 욕구가 활력을 잃고 고통의 화살이 무뎌지면 오히려 다행이라 여기며 비겁했던 것이다.

추위에서 더위로, 더위에서 추위로 가는, '계절'이라 이름 붙여진 기나긴 흐름에서 이쪽이 저쪽으로 가는 진입 내지 사이, 즉, 봄과 가을이라 불리는 그 기간에 성긴 구름이 잔뜩 모여들며 또는, 모여든 구름이 성긴 방향으로 이동하며 격한 전쟁을 치를 때 폭우를, 번개를, 천둥을, 벼락을 만나는 것과 같이 이쪽에서 저쪽으로 넘어가는 '세월'이라, '인생'이라, '삶'이라 불리는 그 길에서 자의든 타의든 때로는 맞으며, 때로는 환호하며 가는 것이 진리인데…
내 멋대로 피하면 피해지는 줄 알았으니…
그렇게 편하고 안전한 쪽으로만 가려고 했으니
'천둥벌거숭이'가 되어 '벼락맞을 짓'을 스스로 불러온 것이었다.

불안은
이치를 깨닫지 못한 무지의 소치(所致)였다.

지식의 미숙과 지성의 경직과 지력의 나약이었다.
날카롭지 않은 자각이었고 깊지 않은 자성이었다.
결국, 감정이 아니라 정신의 허약이었던 것이다.
평안과 안정이라는 감정을 쫓을 것이 아니라 정신을 성숙시켜야 했었다.

더우면 옷을 벗고 추우면 옷을 입듯
불안이 지나는 길에 그저 그때그때 걸맞는 옷을 입어야 하는,
우리는 '행위'만을 하는 존재다.
우리는 '대응'만을 하는 존재다.
우리는 '수긍'만을 하는 존재다.

이쪽을 피하거나 외면하면 저쪽으로 달아나질 거라는 착각은 심각한 우둔병이다. 고통이 오면 쾌락으로 가는 길목이니 고통스러운 것을 고통스럽게 지나면 된다. 불안하면 그저 여기서 저기로 가는, 좀 울퉁불퉁한 길이구나... 하면 된다. 고통과 불안을 없애거나 피할 게 아니라 지금 지나는 시간의 길은 그 길 위를 지나는 것이구나... 하고 가면 되는 것이다.

여기에 조금 보태자면,
고통이 지나야 쾌락이 오는 것이니 고통은 의무요, 쾌락은 권리.
불안이 지나야 안정이 오는 것이니 불안은 의무요, 안정은 권리.

의무는 필수지만 권리는 선택.
즉, 권리는 누리든 말든 자유다.
의무를 다하면 자유는 온다.

모든 것의 시작과 끝이 이러한 원리로 움직이기에 그 어떤 것도 막을 방도 없는 무력한 나에게 바라건대... 이치를, 섭리를, 진리를 따르는 것만이 피하고 싶은 모든 것들로부터 피하려는 욕구가 탐욕임을 알려주는 **자각**이며 가기 싫지만 갈 수밖에 없는 인정을 통해 마땅한 의무를 이행하도록 이끄는 **행위**이며 당하기 싫지만 당해야만 하는 사태로부터 그 다음을 예지케 하는 **현명**일테다.

정신의 두려움은 빛이 아니라 이치로써만 떨쳐버릴[1] 수 있다!

---

[1] 사물의 본성에 관하여, 루크레티우스, 아카넷

불안은...
빛이 아니라 이치로써 떨칠 수 있음을 깨달은 지금에서야 알겠다!

불안해도 난 안정된 길 위에 있음이고
불안해도 난 씩씩하게 걷고 있음이며
불안해도 난 정진하며 전진중인 것이다!

27살, 40살, 그리고 50살...
과거에 대한 집착과 내 손에 잡히지 않는 미래에 대한 염원...

이 모든 것들로부터 잉태된, 내 안에 지독하게 자리잡은 불안.
불안은...
전진이 지속되는 한 끊임없이 내 속에서 잉태되겠지만
이제 이치로서 내 너를 알아버렸으니
잠잠히 내 속에서 나와 동행하는 것이다.

내 너의 감춰진 이면의 무섭고도 비장한 힘 또한 알아챘으니...
나를 점령하지 마라.
그저...
그 자리에서 나를 감시하며 너의 쓰임을 내게 증명하라.

'감각'에 대하여
식사가 끝난 후의 겨자

탁란하는 새들이 모양과 색, 알을 낳을 타이밍을 정확하게 알아내는 감각. 똑같이 생긴 수천 마리 무리속에서 정확히 자기 새끼를 찾아내는 펭귄의 감각. 길도 없는데 수만km를 열 맞춰 목표한 곳까지 날아가는 기러기의 감각. 전봇대와 전봇대 사이를 바람타고 줄을 잇는 거미의 감각. 저 높은 하늘에서 빽빽한 수풀 사이 작은 들쥐를 정확하게 낚아채는 매의 감각. 접착제도 없이 작고 가는 가지만으로 저리 높은 낙엽송 끝에 바람에도 끄떡없는 둥지를 만들어내는 까마귀의 감각. 그 작은 몸집으로 아파트 3층이나 되는 높이까지 집을 짓고야마는 흰개미의 감각. 파종이 계절보다 늦으면 온 힘을 짜내 서둘러 꽃을 피우고 씨부터 땅에 떨구는 식물의 감각.

그리고
보이지 않는 눈으로 날아가는 파리를 빛의 속도로 순식간에 잡아채는 우리집 고양이 '새나'의 감각까지.

인간인 나를 주눅들게 하는 이 모든 동식물들의 감탄해 마지않는 초감각들. 고등(高等)하다 하등(下等)하다의 기준은 뭔가?

그 기준에서 인간은 고등한가? 기준은 누가 세웠지?
감각을 기준으로 한다면 인간인 나는 결코 저들보다 뛰어날 수 없다! 번개 맞아 초능력을 얻지 못하는 한 절대치에서 무조건 밀린다. 그럼에도 불구하고 **나는 인간인지라 '내가 동물보다 고등하다'를 명제로 품기 위해**, 인간인 내가 좀 당당하여 비굴하지 않도록 나름의 썰을 풀어볼까 한다.

감각은 지각의 시작이다.

이에 대해 에피쿠로스의 논증을 잠깐 언급하자면, 그는 '이성(추론, 로고스)도 감각을 반박할 수는 없다. 왜냐하면 이성은 모두 감각에 의존하고 있기 때문이다. 그렇다고 해서 하나의 감각이 다른 감각을 반박하는 것도 불가능하다[1].'면서 감각은 느끼는 주체가 다르기 때문에 동종(同種)끼리의 감각에서도, 자극하는 대상이 다르기 때문에 이종(異種)끼리의 감각에서도 유일하고 주체적이고 결코 서로 같을 수 없다고 했다. 모든 사람들이 같은 현상에서도 서로 다른 이성의 작용(사고)을 할 수밖에 없는 이유는 이성의 시작이 이렇게 모두가 다 다른 감각으로부터 출발하기 때문인데 어떤 반박도 안되는 이 단순한 논증으로 **'모든 지각의 시작은 감각에서부터'**라는 명제에 이견을 내세울 근거는 없다.

나는 동물보다 고등하다. 단, 초감각을 지닌 동물보다 고등하려면 이해를 도울 전제(p20 그림 참조)가 필요하다. 느낌! 즉, 감각되어지는 순간 인간은 본능적으로 이성을 출두시키는데 이를 '호기심'이라 한다. **호기심은 관심으로, 관심은 관찰로, 관찰은 지식의 탐구, 즉, 앎의 욕구로, 앎의 욕구는**

---
[1] 그리스철학자열전, 디오게네스, 동서문화사

인지(intelligence)로, 인지는 새로운 지식(이론+경험)의 투입과 뒤섞임(융합), 연결을 통해 지각되어진다. 지각(知覺)은 풀어 말하자면, '앎(知)'을 '깨닫는(覺)', 즉 지혜롭다는 의미라 하겠다. 단, '지각'은 윤리적인 선(善)을 향할 경우에 한해서다.

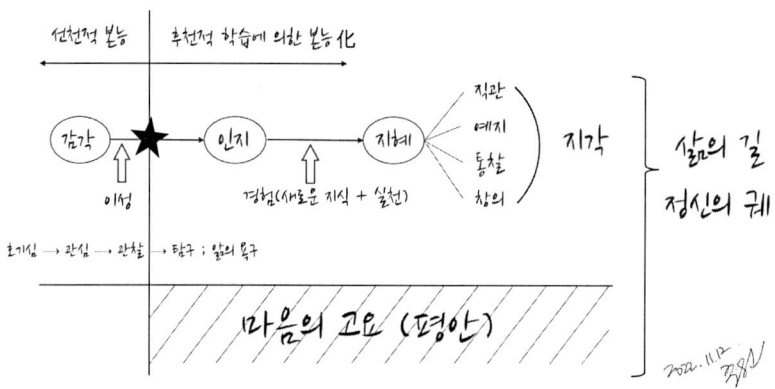

결과적으로, **지혜**의 시작 역시 **감각**으로부터다. 감각과 이성을 거론했으니 내친 김에 여기에 정신과 마음까지 거론해보자. 우리는 감각되어지기에, 즉 자극이 오기에 알고자 하는 욕구가 시작되고 욕구의 정체가 궁금해 앎의 세계로 발을 들인 후 그 곳에서 기존의 앎과 새로운 앎이 섞이고 깎이고, 말 그대로 갈고 닦이며 일상의 선(善)한 경험과 접목된 '앎'의 실천이 나의 정신에 궤를 만들면서 자신만의 삶의 길을 걷게 된다.

그 길을 제대로 가기 위해 초월적 감각인 지혜와 통찰, 직관과 같은 고차원적인 능력, 그러니까 형이상학적 고찰, 초월적 지각의 배양이 필요한데 이러한 배양의 정돈과 질서를 위해 우리는 마음의 평안함을 필요로 하는 것이다. 이러한 정신작용은 나의 '업(業)'을 위해서이며 '업'을 위한 도구가 '일'이다. 또 다시 결론적으로, 창의적인 발현의 시작, '업'의 현실적 실현 역시 감각에서부터다.

자, 그렇다면, 지혜와 창의의 시작이 감각인데 동물보다 한참 하등한 감각의 소유자인 나는 도대체 어디에 힘을 쏟아야 할까?

첫째, 어쨌든 감각이다. 내가 최대한 느낄 수 있도록 항상 민감해야 한다. 센스있어야 한다는 말이다. 민감성! 아무리 곤추세워도 나의 감각은 너무나 미진하니 감각을 느끼지 못하더라도(아니, 감각이 없더라도) 최대한 민감할 것!

둘째, 동물도 이성이 있으니(그림 속의 별) **인간인 나는 후천적으로 배양되고 습득가능한, 저 빨간점에서부터 오른쪽으로 집중해야 한다.** 감각으로 전해진 것을 감정으로 전달받고 그것을 다시 정신으로 이동시킬 수 있어야 하고! 정신에서 다시 손과 발, 혀를 움직이는 경험을 보태 고차원적인 능력을 배양, 성장, 숙련시킬 수 있어야 한다! 어떻게? 마음의 평안을 유지하면서! 나의 삶의 길을 찾아 걷는! 즉, '지각'의 방향으로 힘을 쏟아야 한다. 음... 애써 배워야 할 것들을 찾아 나서야 한다는 말이다. 늘 깨어 있는 나의 의식이 지각의 숙련과 성숙을 도울 것이다.

모든 것은 그 자체 안에 시스템되어 있다. 그 작은 좁쌀에도 내재된 프로그램에 의해 정확한 시기에 정확하게 조가 열린다. 내가 너무나 싫어하는 꼴같잖은 모기도 눈에 보이지도 않는 알에 장착된 프로그램으로 정확한 시기에 정확하게 모기가 된다. 처음에 언급한 저 수많은 동식물 전부! 세상에 존재하는 모든 생명에는 자체운용시스템이 내재되어 있다.

그런데!
인간에게는 선천적, 본능적으로 장착된 프로그램 외에 '프로그램을 다시 프로그램' 하는 칩이 하나 더 있는 듯하다. 선천적 본능에 추가, 삭제, 조율, 승화시킬 수 있는 후천적 창조를 생성시킬 칩. 이 칩으로 우리는 고등동물임을 스스로에게 증명해가며 살아야 한다. 의식주나 종족보존과 같은 선천적 본능 외에 동물에게도 '어느 정도 지닌 이성'만 가지고 산다면 나는 결코 동물보다 고.등.한.인간이라 할 수 없을 것이다. 늘 열려 있고 깨어 있어야 한다.

그렇지 않으면 '식사가 끝난 뒤의 겨자 격'이다.

'나에게 쓸모없는 보배는 소용이 없다.
이미 머리가 없는데 학문이 무슨 소용이랴?
제때에 오지 않고 철 늦게 와서 울화만 터지게 하는 선물은 오히려 운이 나에게 주는 모욕이고 총애를 스스로 저버리는 일이다. (중략)
폐가 썩어가는 가수에게 탁월한 최고음의 능력을 주어 보라.
또 아라비아 사막으로 보내져 숨어사는 사람에게 웅변술을 주어보라[2].'

정신을 놓았을 때 찾아온 명예가 무슨 소용이며
건강을 잃고 찾아온 여유가
 무슨 소용이며 사람을 잃고 찾아온 풍요는 또 무슨 소용인가.

---
2 나는 무엇을 아는가, 몽테뉴, 동서문화사

무의식적으로 '나는 인간이니까 생각하며 살겠지' 싶겠지만 의외로 제대로 생각하며 사는 인간은 불과 5%밖에 안된다고 한다. 그런데 왜 인간을, 나를 동물과 비교할까? 그 자체가 우습고 자존심 상하지만 자존심 잠깐 뒤로 하고 존재감부터 찾는 건 어떨까? 왜 지금 우리의 대부분은 생존도 해결되어 있지 않고(실업률, 자살률, 빈곤률, 캥거루족, NEET족 등), 종족보존을 위한 노력 내지 시도도 않고 또는 어렵거나 불가능하고(비혼, 노키즈족, 불임과 난임의 증가), 생각하기보다 즐기기 위해 사는(소확행). 이러한 문화가 너무나 팽배한 이 현실이 동물과 비교당해야 하는 이유라면 너무 오버인가?

나는 고등한가, 하등한가?
나에게 다시 물어야 하겠다.
그리고 너에게도 물어야 하겠다.

'자존감과 존재감'에 대하여

공든탑도 무너진다

아주 위험하고 무서운 일이 나와 내 주변에 조용히 일어나고 있다…

1000원짜리 지폐 하나만 잃어도 눈 치켜 세우고 찾는 우리가 내게서 멀어져가는, 잃어가는 자아를 아무 일도 아닌 듯이… 방치한다. 찾지 않는다. 잃은 줄도 모른다…

이 소리없는 무지와 무익과 무감각 앞에서 나는 나를 들여다보기로 했다.

자존감(自尊感). 스스로의 격을 존중하는 마음.
존재감(存在感). 자기자신의 실재를 믿는 마음.

우리는 이 두 개념에 대해 너무나 잘 알고 있다. 하지만 아는 만큼 모른다. 언어를 안다는 것은 글자를 아는 것과 다르다. 의미까지 깨닫는 것이 '앎'이다. 의미에 담긴 가치를, 가치를 담은 존재를, 존재를 드러낸 양상의 이유까지 해석해야 '앎'인 것이다.

스스로의 격을 존중하는 마음, 자존감이 낮아서 감정적으로 허덕이는 사람들이 상당히 많다. 나도 그 중 하나였다. 지금은 벗어나는 중. 잘나고 못나고의 문제도 아니고 부자이거나 가난해서도 아니고 외향적이거나 내성적이라서도 아니다. 자존감은 외적인 것의 영향을 받긴 하지만 철저하게 자신을 자기로써 인정하고 수용하고 지기자체를 겸손하게 손숭하는 마음이면 '자존감이 높은' 것이다.

이런 맥락에서 존재감은 자존감과 이란성쌍둥이다.
존재(存在),
있을 존(存), 있을 재(在).

내가 나로써 채워졌을 때 느껴지는 감정이다.
내 것이 아닌 타인을 비롯한 외부의 것으로 채워졌다면 존재감이 바닥이고 바닥없이 세워진 자존감이라면 아무리 채워졌다 해도 결코 바람직하지 않다. 이 경우 자존감의 수위와 비례하거나 더 높은 수위로 오르기 위해 빠른 속도로 허무와 공허가 추격한다.

많이 가진 사람이 우울한 이유,
정말 잘 하는 사람이 무능감에 시달리는 이유는
자존감이 낮아서가 아니라
존재감이 없어서이다.

결국, 자존감을 높이라고 자꾸 얘기하지만 정작 **우리가 초점을 맞춰야 할 것은 자존감이 아니라 존재감이어야** 한다. 제아무리 이란성쌍둥이지만 형이 먼저 나오고 동생이 나온다. 존재감이 먼저 존재해야 자존감이 세워진다. 자존감을 높이기 위해 심리상담이니 감정코칭이니 뭐니 전세대에 상대로 성행하고 있지만 왜 우울증 환자는 급증하고 자살률은 여전히 OECD 1위이고 왜 불안지수는 높아지며 왜 고독사도 증가하며 왜 자기정신이 없어야만 살아지는 치매환자 역시 그 연령대가 계속 낮아지는가 말이다. 그토록 자존감을 세우기 위해 학문적으로 사회적으로 문화적으로, 또 주변에서 애쓰는데 말이다.

기본이 없다면
제 아무리 화려하고 견고한 탑을 쌓은들 무너지는 것은 한순간이다.
공든 탑도 무너진다.
기본이 없거나 부실하다면 말이다.
그러니까! 존재감의 토대 위에 자존감은 세워진다.

인간은 생존하고 존재한다. 이 둘의 관계부터 기본적으로 인지하는 것이 좋겠다. 일단 먹어야 산다. 가장 기본이 되는 욕구부터 채워야 그 다음 차원의 욕구를 채울 수 있다. 유명한 매슬로우(Maslow)의 인간욕구 5단계(그림 참조)만으로도 우리는 욕구가 어떤 단계를 이루는지 이미 알고 있다. 이미 너무 보편화된 이론이므로 이에 대한 설명은 생략하겠다. 단, 이 이론에서 전제하고 넘어가야 할 부분은 1단계부터 차곡차곡 채워야 한다는 것이다. 전 단계가 채워지지 않으면 다음 단계를 채울 수 없다. 배를 곯는 사람이라면 당연히 건강이나 기타 자원에서 안전할 수 없고 안전하지 않은 사람이 사회적으로 애정을 느끼기 어려우며 존경받는 인물이 되어 자신의 꿈을 실현시키기는 불가능에 가깝다.

매슬로우(Maslow)의 인간욕구 5단계

결과적으로,

생존은 필요(needs), 존재는 바라는 바(wants)
생존은 반드시 있.어.야.만. 하는 것.
존재는 있.으.면. 한결 인간다운 것.

따라서,

생존이 먼저, 존재는 나중
생존은 의무, 존재는 권리
생존은 책임, 존재는 자유
생존은 대가, 존재는 보상

이 둘의 관계를 좀 더 정리해 언급하자면, 생존은 외부에서, 존재는 내부에서 채울 수 있다. 외부에서 먹거리가 들어가야 하고 외부에 비바람을 피할 은신처가 마련되어야 하며 외부에 뭐라도 걸쳐야 몸을 보호한다. 반면, 관계의 안정에서, 사회적 안녕감에서, 자아의 인정에서 내면의 존재감은 채워진다.

자, 그럼 자존감이 낮을 경우,
삶의 가장 기본이자 기반이 될 생존에 대한 불안은 없는지...
기본적인 생존에 대해서는 해결되었다는 전제 위에 존재감과 자존감을 거론해 보자.

내가 존재한다는 느낌, 즉 존재감은 필요가 채워진 후 내면이 깨지지 않은 느낌? 자존감은 이러한 존재감이 실현? 아니, 제대로 형성만 되었다면 좀 덜 가져도, 덜 유능해도, 덜 인정받아도, 덜 잘나도 자기 스스로를 인정하고 수용하는, 자기를 있는 그대로 직시하는 시선이며 사랑하는 마음이며 존중하는 태도인 것이다.

다시 말하자면, 자기자신의 격, 수준을 그대로 받아들이는 마음이 자존감이고 자존감이 높다는 것은 있는 그대로의 자신을 존중하는 마음이 깊고 크다는 것이다. 역으로 얘기하면, 자기가 어떤 존재인지에 대한 가치를 지닌, 지향하는, 추구하는 자. 즉 존재감이 형성되어 있는 자는 고통스러워도 이 고통이 무엇을 위한 것인지를 알고 있으니 자존감이 높은 것이다. 사회적으로 지위가 낮아도 꿈이 있으니까 자존감이 높은 것이다. 가진 것, 가질 수 있다는 기대와 희망이 기준이 아니라 이미 지녔다는 믿음이 자존감의 수준인 것이다.

굳이 비유하자면,
존재감은 모루이며
자존감은 조형물이자 불꽃이며
현상은 쇠망치다.

존재감이 든든하게 모루처럼 받쳐 준다면 정체불명의 원형은 제아무리 강하게 내리치는 현실의 망치질에서도 견디고 버티며 서서히 원하던 조형물의 모양새를 갖춰간다. 그렇게 깨지는 아픔으로 불꽃을 튀며 울어 대지만 이 불꽃의 아름다움은 세상에 발현되는 창조의 발사이자 발산, 발포인 것이다. 하지만, 모루가 부실하거나 없다면 쇠망치의 가격은 커다란 타격으로 크게 반동하여 원형보다 못한 조형물을 만들어 낼 것이고 불꽃의 어지럽고 규칙성 없는 발사는 제 맘대로 여기저기 튀어 결국 한때의 화려했던 요란함으로 치부될 것이다.

그렇게 모루 같은 존재감이 든든하게 받쳐 준다면 자존감은 충분히 원하는 형상을 만들어낼 수 있지만 존재감이 형성되지 않은 상태에서의 불꽃, 그러니까 자존감이 높다고 느끼는 것은 찌그러지고 일그러진 자존감, 그저 화려하기만 한 불꽃인 자만이자 허영, 허상이자 망상인 것이다. 옷은 옷걸이에 걸어두 듯 당연히 있어야 할 그 곳에 나의 존재를 자리잡게 해야 한다.

류마티즘 환자들이 자신의 감각을 잃고 날씨에 따라, 바람에 의해 자신이 원하지 않는 감각을 강요당하듯 존재감없이 쌓인 자존감은 자기내면이 아니라 외부로부터 자신의 감정과 이성을 조종당하고 있는 것과 같다.

나의 자아는 나에게로 돌아와야 한다.
그렇지 않으면 자신이 알든 모르든간에, 헤매던 자아는 절망으로 나를 가격한다. 사람이 자기 자신이 아니라고 느낀다는 것은 절망을 의미한다. 스스로 자기 자신을 감금한 사람처럼 무서운 속박을 받는 사람은 없다[1]. 자신의 내면이 스스로를 감금한 채 타인이나 다른 무언가로 채워졌다면 망상에 속박된 것이다. 내 것이 아닌 남의 것으로 채워지니 나 스스로의 자유를 내 인생에서 배제시키고 있는 자다.

거죽은 멋지고 화려하고 가진 것이 많다 할지라도 정신과 사상과 철학이 타인의 것으로만 채워져 있다면 내 명의의 통장일뿐 들어있는 돈은 모두 남의 돈인 것과 다름없다. '보여지는 나'와 '내가 아는 나'의 갭이 클 수밖에 없으니 현실을 망각한 착각에 빠져 오히려 더 자극적인 것을 찾거나, 거짓의 화려함에 길들여져 어떻게든 인정받으려 하거나 이도저도 아니라면 자기얼굴 숨기고 억지미소짓는 삐에로이거나 날개접고 노래나 불러대는 새장 속의 새인 것이다.

존재감이 없다는 것은 이처럼 무서운 삶을 예고한다. 스스로 속박하고 있는 이 감금상태보다 탈출하기 힘든 감옥은 없는[2]데 말이다. 그러니 나의 존재감이 감금되어 있다면 풀어주고 외부에 걸려 있다면 내 안으로 옮겨야만 한다. 쉽게 예를 들어, 내 기분이 어떤 대상(사람이든 사물이든)에 의해 좌지우지된다면 내 안은 그 대상으로 채워진 것이다. 아이만 바라보고 살던 엄마들이 아이들이 떠나면 빈둥지증후군으로 위태롭고 오로지 회사일에 올인했던 퇴

1, 2 키에르케고르선집, 키에르케고르, 집문당

직자들이 우울증으로 자살하는 경우가 대표적이다. 존재감없이 자존감을 아이에게, 사회적 위치에, 또는 어디든 외부에 걸어 두었기 때문이다.

배우자, 자녀를 비롯한 대인(對人),
명예, 경제나 지식수준, 착한 사람, 똑똑한 사람 등 표상화된 대상(對象),
집이나 자동차, 명품 등의 대물(對物).

대인, 대상, 대물... 사람이든 물건이든 어떤 현상이든. 뭐든 자신의 내면이 어떤 존재에 온통 걸려 있다면 이는 존재감이 자기 내면이 아닌, 외부에 걸려 있는 것이기에 이런 상태에서 제 아무리 자존감이 높다 하더라도 그 대인, 대상, 대물이 사라지는 순간 그 사람의 자아는 어디로 돌아가야 할 지 몰라 헤매게 된다. 공허하고 허무해지며 그토록 자신감 넘치고 자존감이 단단했던 자신은 자아를 잃은 채 방황에 빠지고 마는 것이다. 또한 자신의 존재가 자기외부에 걸려 있다는 것은 인간의 본성적 원리에 그릇된다. 그릇되면 반드시 대가를 치른다. 자기 자신이 깨닫지 못할지라도, 주변에서 제 아무리 멋지다, 착하다, 잘한다 우쭈쭈를 남발하여 나를 기가 막히게 속이고 달래더라도 자신의 자아만은 알고 있다. **자신의 주인이 진정한 자신에게서 자꾸만 멀어지고** 있음을 말이다.

자신의 자아를 인지시키는 내 몸의 주체는 영혼이다. 존재감은 소멸된 채 자존감을 견고히 쌓아 올렸다 하더라도 완전히 자신을 잃어버리고 산다면 영원히 존재하는 자신의 영혼은 반드시 자아를 되찾으려 현실의 자아를 파괴시키고야 만다. 자아를 소유하는 것, 자아로 있는 일이 인간에게 주어진 최대의 인용(현실적이고 무한한 승인)이며, 동시에 인간에 대한 영원성의 요구이기도 하기 때문[3]에 영혼은 꼭 그렇게 하고야 만다.

그러니, 앞서 언급했듯 생존은 외부에서, 존재는 내부에서 견고하게 제자리를 지켜줘야 한다. 이 둘의 조합으로 '나'의 바닥이 단단하다면 굳이 자존감이 어쩌구, 자신감이 어쩌구 할 필요조차 없을 것이다. 존재의 갈고리는 밖이 아닌 내 안에 걸려 있어야 옳다.

우리 현대인들은...
참으로 교육열이 높고 아는 것이 많은데...
어쩌면 기본을 저어기 어딘가에서 잃어버렸는지도 모르겠다.
혹 잃어버린 것조차 망각하고 사는지도 모르겠다.
그렇게 각자 자신을 잃고 살아가는 위험하고 무서운 무지를 망각하고 있는지도 모르겠다.

허덕이는 삶이 내게 갈구하는 것은
'나'의 본성을 다시 제자리로 돌려놓으라는 것뿐인데 말이다...
자존감있는 삶을 위해
'자아'가 원하는 기본을 다시 챙겨 달라는 요구뿐인데 말이다...
'자아'가 진정 원하는 유일한 것은
'나로서의 존재'뿐인데 말이다...

---

3 키에르케고르선집, 키에르케고르, 집문당

'위기감'에 대하여

나를 꼭 안아줘야겠다.

요 며칠 날 휘감고 있는 감정은
위기감... 이다.

위기감.
그러니까 '위기'를 감지한 의식이란.
내가 지닌 가치를 잃을 것 같은 불안감에서 오는 것일텐데
내가 나에게 어떤 가치를 부여했지?
나의 가치가 실현되는 과정에서 질서가 엉켰나?

나를 늘... 긴장하게 하는 위기감의 시작에는 6살 이전, 어린 내가 있었다. 이유는 잘 모른다. 몇 살부터였는지 모르지만 어린 나는 용인에 사시는 외할머니댁에 맡겨져 어린 시절을 보냈었다. 논에 쌓아놓은 짚더미 위에서 원더우먼을 소리치며 뛰어내린 기억, 덩치 큰 개를 말처럼 타고 다니며 '삼촌! 일어나!' 외삼촌 깨웠던 기억. 버스에서 내려야 하는데 너무 졸려 자겠다고 떼쓰다 할머니한테 된통 혼났던 기억. 그러다가 6살에 '유치원에 가야 한다'는 엄마의 명령(?)으로 커다란 집 현관에서 신발도 벗지 않고 계속 할머니 치맛자락만 붙잡고 울었던 기억. 엄마는 당시 귀했던 '사이다'를 병째로 주면서 '이

제 여기서 유치원도 다니고 살아야 한다'고 날 달랬지만 할머니따라 가겠다고 통곡하며 막무가내로 고집부렸던 기억...

난 별로 어린 시절의 기억이 없는 편인데 이 기억들은 왜 아직도 내게 짙게 남아 있는 것일까. 나의 '위기감'을 따라간 기억 끝에서 만난 이 선명함은 어떤 연유일까. 내 인생의 역사인데 나는 모르겠다. 그러니까 어떤 '이유'에 의해 연결되어는 있을테니 지금부터 추론해 보는 수 밖에.

아마도 난, 그렇게 어린 6, 7살, 2년간 유치원을 다니며 마음은 콩밭에 있는데 적응하느라 애먹었었나보다. 할머니랑 살았을 때는 내가 그 집에서 제일 우선이었는데 우리집에서는 아니었다. 아빠가 젤 우선이었고 갓 태어난 아들녀석(우리집은 3남 1녀. 막내가 아들)이 그 다음, 그리고 첫째딸인 언니, 아래로 아들을 본 덕분에 귀여움 독차지한 여동생. 그러니 첫째도 막내도 아무것도 아닌 나는 우리집에서 꼴찌.

어린 이방인인 내가 우리 집(지금도 '우리집'이라는 표현보다는 '그 집'이라는 표현이 더 편하다.)에 적응하는 방법은 그냥 말 잘 듣고 뭐든 양보하고 아무에게도 성가시게 굴지 않는 선에서 조용히 지내는 것이었을지 모른다. 물론, 이 모든 해석은 유추와 추론이다. 한 번도 부모나 형제에게 그 시절의 나에 대해 물어보지는 않았으니까.

하지만, 지금까지도 '가족'이라는 단어가 내게 그다지 살갑거나 정이 잔뜩 묻어있지 않은 이유, 엄마에게 왈칵 달려가 안겼던 기억이 없는 이유, 어릴 적 기억이 별로 없는데도 유독 뚜렷한 할머니와의 기억 몇 조각, 그리고 내 삶의 저변에서 늘 떠나지 않는 '인정받으려는', '무조건 참아야 하는' 침묵과 인내로 가장된 회피, '나 말고 너부터' 배려와 겸손 속에 감춰진 비아냥과 비굴, '무조건 잘해야 한다'는 도전과 승부욕으로 포장된 '나 좀 봐달라'는 갈구 등이 추론의 근거라면 근거이겠다.

그렇다고 해서 우리 가족이 날 하찮게 여기거나 애정하지 않는 것도 아니고 부모의 사랑이 부족했던 것도 아닌데 '왜 난 이 모양이지?' 하며 스스로를 자책하며 보냈던 청소년, 청년시절. 하지만, 그 땐 어린 시절 소소한 기억들을 대변하는 **나의 기형적인 심적 상태가 내게 타격을 주리라는 예상을 하지 못했었다.** 그냥 사는 게 다 그렇지 뭐. 하며 살았으니까.

하지만, 자꾸만 인정과 자책과 더 해내지 못해서 미안한 감정으로 치우치는 나를 바로 세우려는 시도가 결단이 된 2019년 2월 19일, 새벽독서를 시작으로 나는 차차 알게 되었다. 내가 서 있는 자리와 날 지배하는 감정과 정신의 현주소에 대해서.

아무도 모르게 나 혼자만 된통 아파했던 시간들에서 벗어나고 싶었다. 정신과 감정이 수시로 일으키는 발작과 경련, 심지어 발악을 상대로 나는 간절히 책 속의 속의 성현들을 부여잡고 여기까지 온 것이다.

위기의식...이란 정체는 자신을 가치없게 느끼고 있음을 전제한다.

타자(他者)를 자신보다 가치있게 느끼는 방향으로의 진화는 자신에게는 못남만을, 타자에게는 잘남만을 바라보게 하며 점점 자신을 하찮게, 가치없게 취급하는 것을 (내 자신에게 무례할 정도로) 당연하게 여기는 지경까지 자신을 몰고 간다.

결국, 위기의식은
자기애를 바닥까지 끌어내려
기어이 땅속, 그 컴컴한 어둠으로
자신을 밀어 넣으려는 감정의 발악이다.

물론, 위기의식은 용기와 도전의 동기를 제공하고
낡은 자신을 새로운 자신으로 내보내는 정신의 항쟁인 것도 확실하다.
하지만, 위기의식을 느끼는 순간이 선택의 기회다.

상대적 비교에 의해 늘 인정받고 싶고 잘해야만 하고 내가 먼저 주어야만 하는, 외부에 기준을 둔 삶으로 날 이끌지, 절대적 비교에 의해 나 스스로를 인정하고 잘못하더라도 괜찮다는, 주지 않았지만 받을 자격이 있다는 내면의 풍요로움에 기준을 둔 삶으로 날 이끌지 선택해야 하는 것이다.

모든 것은 선택이다.
선택이란 '선택하지 않는 것'이 존재하기 때문에, 존재해야만 선택인 것이다. 그러니, 이쪽을 잡으려면 저쪽을 놓아야 하고 놓은 저쪽에 대해서는 (지금은) 과감하게 포기해야 '선택'인 것이다. 그렇다면 위기의식에 긴장되고 조급해진 지금의 나는, 추론으로 유추한 기형적인 심리에 대해, 기형을 안고 사는 선택인가? 기형을 바로잡는 선택인가?

한쪽을 바로잡으려면 관성처럼 날 끌고 가던,
하지만 익숙한 기형에게서 과감하게 등을 돌려야 한다.
그렇게 균형을 맞춰 전체성으로 나아가야 한다.

왜 이 새벽, 내게 찾아온 감정을 위기의식으로 규정했는지는 모르겠지만 느낌이 그렇다면 그런 것이다. 감각은 영혼의 자극이며 영혼은 거짓을 내게 전하진 않을 테니까. 현실의 정신이 제아무리 쫓아도 다 파악할 수 없으니까.

지금이 다소 막막하고 버겁고 어렵다는 감정이 긴장, 조급, 불안을 몰고 와 늘 그랬듯 잘해야 하고, 내가 어떤 일에서도 뒤쳐지면 안되고, 누구에게든 성가시면 안되는 그런 존재여야 하는데 그럴 수 있을까, 그러지 못하면 어쩌나, 그러니까 일어나지도 않은 사실을 과장되게 부풀리면서 내가 야속할 정도로 야박하게 그어놓은 '위기'라는 선 앞에 닿은 것이다. 아주 가혹하고 날카롭게 그어진 '위기'의 선 앞에서 허상이자 추상의 덩어리를 무겁게 들고서 이러지도 저러지도 못하는 나와 정면으로 마주친 것이다. 걱정은 인간의 마음의 위대한 고문자[1]라는 말이 내게서도 증명된 셈이다.

또 이럴 수도 있다. 타자들은 모두 잘하는데 나만 못하는 것 같은. 그러니까 내 시선이 외부로 잠깐 출타해서 반짝이는 구슬 몇 개를 보고서 상대적으로 나의 반짝임을 퇴색된 눈으로 뿌옇게 빛이 바랜 구슬로 본 것이다. 실제 타자의 구슬이 반짝이는지, 내 구슬이 반짝임을 잃었는지에 대해 아무 근거도 없으면서 눈이 그렇게 본 것이다. 타자의 것은 반짝이게, 내 것은 뿌옇게. 실제 구슬이 그런지 모르면서 내 눈이 그렇게 본 것이다. **퇴색된 것은 구슬이**

---

1 도덕감정론, 애덤스미스, 비봉출판사

아니라 내 눈인 것이다.

위기를 의식했다는 것은
한계 앞에 날 세워둔 것일지도 모른다.
한계 앞에 서 있다는 것은
경계를 넘어 '무경험'의 영역에 진입했다는 신호이며
끊어내고자 하는 것에 한 번 더 근절의 힘이 필요하다는 자각이며
따라서,
이제 거의 다 왔음의 예고다.
이제 거의 다 왔다.
사실인지도 분명치 않은 현상의 찌꺼기들이,
정체라곤 하나도 없이 막무가내로 나를 해치려던 지난 감정의 부산물들이,
가혹하게 몰아붙이며 사방팔방 찔러대기만 하는 모난 정신의 파편들이
날 떠날 때가 온 것이다.

'위기의식' 덕분이다.
내게 '위기'를 느끼게 해준 영혼의 자극은 내게 늘 진심을 전한다.
물론 지금부터의 걸음걸음에도 위기는 존재하겠지만 그것은
과거로부터 온 멍에가 아닌 미래로부터 오는 징조임을,
물론 지금 걷는 길이 뿌연 안개이겠지만 그것은
무언가로부터 가로막힌 혼탁이 아니라
내 정신이 치열하게 달려와 닿은 '무경험'으로의 진입임을,
물론 지금 걸음이 힘겹고 괴롭겠지만 그것은
후원이 필요했던 나약함때문이 아니라

스스로가 길잡이를 자청한 선택임을,
물론 지금 힘겨움은 더디고 길게 이어지겠지만 그것은
안전에 속아 숨거나 도망치는 주저함이 아니라
본성의 진동을 따르는 집중임을...

결국, 위기의식은
내 가치를 잃어가는 불안감이 아니라
더 고양된, 새로운 가치의 세상 입구에 서 있다는 신호였다!

여기까지 추론을 이어가니
어른인 내가 어린아이적 나를 보는 현실은 같지만
어른인 내가 어린아이적 나를 보는 본질은 달라졌다.

그 때의 나는 그것이 최선이었으니 기특하고 잘했다. 지금의 나는 지금의 최선을 선택하니 이 또한 기특하고 잘하고 있다. 그 때의 보호받고자, 사랑받고자, 안기고자 했던 나를 아주 많이 늦었지만 지금 꼭... 안아줘야만 하겠다...

미래의 나는 지금의 나를 자주 안아주는데
지금의 나는 과거의 나를 안아주지 못하고
계속 떠밀고만 있었다...

아주 많이 늦었지만....
지금이라도 꼭...
안아줘야만 하겠다...

'공포심'에 대하여
이제는 자신의 힘을 되찾을 때다.

공포는 모든 부정정서 가운데 가장 앞에 선 감정이다. 사람들은 더 이상 자신이 참을 수 없이 공포를 느낄 때 물에 빠져 죽고 목매달아 죽고 스스로에게 불을 지르고 혈관을 끊어내어 죽는다. 죽음마저 이겨버리는 부정정서가 공포인 것이다.

공포(恐怖)
두려울 공, 두려울 포

불안하고 두렵고 무섭고 어렵고 힘겹고 고독하고 쓸쓸하고 슬프고 좌절하고 비참하고 억울하고 분노하고 원망스러운… 모든 부정감정의 시작은 공포심이 있다. 잠시도 쉴 틈을 주지 않고 지옥으로 질질 끌려가는 기분, 한계도 없고 쉼도 없이 무한정 어둠속을 걷는 그런 기분. 조여오는 가슴을 손으로 쥐어뜯고 싶은 그런 기분… 이유를 모르니 방법도 모르고 그러니 해독제도 구할 수 없는 무기력한 상태까지 몰고 가버리는, 인간의 이성과 감정의 전영역을 점거하고 있는 감정이 **공포**다.

순간 내게 진입한 **공포는 결코 혼자 오지 않는다.**
이어 날 파괴시킬 감정들을 줄지어 달고 온다. 무서움, 두려움, 막막함, 그렇게 시야를 뿌옇게 가리고선 후회, 미련을 대동시켜 다리를 고정시키고 좌절, 절망으로 내 무릎을 꿇린 채 우울, 무기력, 죽음까지 불러온다. 우울하거나 좌절감이 느껴지거나 이유없이 불안하거나...

이러한 부정정서가 날 덮칠 때 연역하여 이를 촉발시킨 공포가 무엇인지를 알아내는 것부터여야 우울도, 좌절도, 불안도 모두 이겨낼 수 있다. 단지 우울만, 좌절만, 불안만 주무른다고 해결되지 않는 이유는 그 원인인 '공포'를 살피지 않았기 때문이다.

그렇기에,
공포는 위험하다.
또한 언제 어떤 지점에서 촉발될지 가늠할 수도 없다.
그저 모든 현상에는 공포가 함께 온다고 이해할 수밖에 없다.

너무 행복해도 공포를 느낀다. 이 행복이 사라질까봐.
너무 사랑해도 공포를 느낀다. 이렇게까지 사랑해도 되나 싶어서.
너무 부자라도 그것을 잃을까 공포스럽고
너무 깊은 신앙심에도 지옥에 갈까 공포스럽고
너무 오래 살아도 언제 죽을지 몰라 공포스럽다.

여기서 우리는,
공포는 욕망의 다른 이름이라는 사실을 깨닫게 된다. 더 사랑하고 싶고 더 가지고 싶고 더 오래 살고 싶고 더 행복하고 싶고 더 좋은 곳으로 가고 싶은...
그래서, 그것을 이루지 못하면 어쩌나... 싶은...

손바닥과 손등이 맞붙어 하나의 손이듯
욕망과 공포도 맞붙은 '하나의 감정'이다.

그렇다면, 욕망하기를 멈추면 공포도 멈출 수 있다는 결론에 도달할 수 있지만 과연 인간의 본성이 욕구에 있는데 욕망하기를 멈출 수 있을까? 욕망을 멈추지 못하는 한 공포 역시 삶에서 제거하기는 어렵다.

그러면 없앨 수 없다면 줄일 수는 있지 않을까?
그렇다.
우리가 공포심을 제거하려는 불가능에 도전하기보다는
공포를 줄일 수 있는 가능성으로 방향을 틀어보는 것이 옳다.

괴테의 어머니[1]는 괴테가 어렸을 때 낡은 집구조에다 남편이 자꾸만 이불을 뒤집어쓰고 아이들을 놀래켜 공포심에 떨게 하는 바람에 '어떻게 공포에서 벗어날 수 있을까?'에 대해 훌륭한 교육법을 생각했고,

릴케도 '공포는 전혀 알 수 없는 것이며, 우리에게 전적으로 반항하고 있는 힘이므로, 우리가 애를 써서 그 정체를 생각해보려 하면 바로 우리의 뇌는 망가질 정도가 되어 버립니다[2]'라고 했다.

---

1 시와 진실, 괴테, 동서문화사
2 말테의 수기, 릴케, 민음사

우리는 매 순간 부정감정에 노출되어 있고 그 감정이 내게 왔을 때 지지 말고 머리로 해석할 줄 알아야만 한다. 그러기 위해 교육, 즉 배움이 필요한 것이다.

오래 보고 깊이 이해하는 과정은 반드시 사랑과 감사를 낳는다. 벌레에 소스라치게 놀라던 사람도 그 벌레를 이해하면 더없이 사랑스럽게 바라볼 눈을 얻게 되고 컴컴한 어둠에 온몸의 솜털이 곤두서다가도 곧 어둠 속의 빛을 감지하면 어둠에 익숙해지며 난해한 문제 앞에서, 힘센 사람 앞에서, 넘어야 할 산 앞에서 떨더라도 이내 하나씩 방법을 찾다 보면 공포는 욕망으로의 전진을 위한 동력임을 깨닫게 된다.

배움은
저항없이 공포를 이겨내는,
공포 이면의 욕망을 더욱 선명하게 드러낸다.

이러한 배움에도 우선되어야 할 인식과 관점이 있는데,
모든 삶은 태어나서 죽음으로 가는 길이라는 사실을 전제하는 것이다.
그러면
삶에서 벌어지는 공포 역시 생명이 죽음으로 가는 길목에
거쳐야만 하는 응당한 감정으로 해석하여 받아들일 수 있다.

그대가 살고 있는 것은 모두 생명에서 훔쳐 온 것이다. 생명은 생명의 희생으로 이루어진다. 그대의 생명이 끊임없이 하는 일은 죽음을 지어가는 것이다. 삶에 있는 동안 그대는 죽음에도 있다. 왜냐하면 그대가 이미 살고 있지 않을

때, 그대는 죽음 저쪽에 있기 때문이다. 그대는 삶 다음엔 죽어 있다. 살아있는 동안 그대는 죽고 있다. 그리고 죽음은 죽은 자보다도 죽는 자를 더 혹독하게 침해한다. 더 맹렬하게 더 본질적으로 침해한다. 그대가 인생에서 소득을 보았으면 그대는 거기에 포만했다. 만족해서 물러가라[3].

현상의 표면으로부터 본질을 향해 맹렬하게 침해하는 공포는 그 길로 온다. 몽테뉴가 일러 준대로 **인생의 소득을 보았으니 포만해야 할 것이다.** 즉, **욕망을 품고 달성하려면 공포에 배려해야** 한다. 그러니, 공포심조차도 만족으로, 감사로 여기라고 하면 너무 가혹하고 모호하려나.

그렇다면, 좀 더 구체적으로
공포를 덜 느끼기 위해 우리가 배워야 할 것은 무엇일까?

'악인에게는 숨을 곳이 소용없다. 왜냐하면 양심이 자신에게 그것을 폭로하기 때문에 숨었다 해도 안심할 수 없는 일이기 때문[4]'이다. 모든 공포의 시발점은 욕망에 있지만 욕망이 과하여 탐욕이 될 때 우리는 더 극심한 공포를 느낀다. 죄를 범하거나 오류를 만났을 때, 잘못을 숨기려거나 또는 반대로 드러내야 할 때, 공포는 죄와 연관되고 죄는 양심의 저항을 받는다.

공포는 저울질한다.
죄냐 양심이냐. 양쪽 다 공포스럽다. 양심을 따르자니 손해볼까 공포스럽고 죄를 선택하자니 벌받을까 공포스럽고. 하지만 양심이 제대로 가동되는 인

---

3 나는 무엇을 아는가, 몽테뉴, 동서문화사
4 그리스철학자열전, 디오게네스 라에르티오스, 동서문화사

간이라면 공포의 강도와 시간에 있어 어디를 따르는 것이 자신에게 유리한지는 알 것이다.

아미엘은 양심을 신탁[5]이라 했다. 신이 일일이 한사람 한사람을 옳은 길로 인도할 수 없어 태어날 때 가슴에 심어둔 부탁이 바로 양심인 것이다. 누구에게나 양심은 있다. 단, 양심의 밀도와 순도가 다를 뿐,

그러니까
우리 모두에게 심겨진 양심은
공포의 강도와 정도를 조절할 수 있는 강장제이자 해독제이다.

양심이 발동한다면 공포는 평안으로, 신념을 향한 화살로, 의지의 촉발제로, 위험한 경지를 완만히 지나게 하는 기중기로 변화될 수 있다. 악한 짓을 저지르는 자가 공포를 느끼지 않는 것은 양심의 부실때문이지 죄의 경중때문이 아니다. 마찬가지로, 선한 자가 오류나 잘못을 저질렀을 때 과중할 정도로 극심한 공포를 느끼는 것 역시 양심의 밀도때문이지 죄의 경중이 아닌 것이다. 선을 지키고자 하는 욕망때문에 공포스러운 것이다.

그래서 우리가
공포에서 조금이라도 멀어지려면 선택할 힘을 지녀야 한다.
내 안의 양심의 소리를 듣는 선택,
무지보다 옳은 배움을 부여잡는 선택,

---

5 아미엘일기, 아미엘, 범우사

이러한 선택들이 연속된다면 분명한 사실은 공포심이 들 때 그 이면의 욕망과 양심을, 그러니까 본질을 들여다볼 힘이 생긴다. 이 힘에 의해 스스로가 선택할 능력이 강해졌을 때 우리는 공포에서 완벽하진 않아도 적어도 공포가 자신을 괴롭히거나 좌절시키도록 허용하지 않을 수는 있다.

지나가던 사기꾼에게 번번이 힘을 넘겨주는 일을 그만둘 때다. 그들은 우리의 공포심을 자극해 주머니에서 돈을 털어내거나 자기들이 내세우는 대의의 노예가 되게 함으로써, 우리의 에너지를 먹고 산다[6].

이제 나 자신의 힘을 되찾을 때다. 태어난 순간부터 배고플까봐, 아플까봐, 힘들까봐, 어려울까봐, 못해낼까봐, 성에 차지 않을까봐, 잘못될까봐, 미워질까봐, 헤어질까봐 우리는 공포에 떤다.

자신의 힘을 믿으라.
자신 안에 무한의 힘이 있다.
자신조차 알지 못하는 잠재된 위대한 힘이 있다.

옳은 선택으로 날 이끌어줄 힘,
자신이 해악에 사용되도록 허락하지 않을 힘,
자신에게 나쁜 힘이 쌓이지 않도록 방어해낼 힘.
그렇게
날 떨게 하는 공포가 아닌, 날 일으키는 욕망을 볼 수 있는 힘,
공포의 뒤가 아닌 앞에 서서 욕망을 따라 공포를 질질 끌고 갈 수 있는 힘,

---

6 놓아버림, 데이빗호킨스, 판미동

내 두 다리는 기기 위함이 아니라 걷고 뛰기 위한 것이라 외칠 수 있는 힘.
내 두 날개가 있을 자리는 안전한 나뭇가지가 아니라 저기 공중이라 일러줄 수 있는 힘.

이렇게
자신을 어떻게 살게 할지 이끌 수 있는 힘,
삶이 자신을 어디로 데려가더라도 믿음으로 순응할 힘,
그러한 선택의 권리가 자기 안에 있다는 것을 믿는 힘.
내가 무언가를 욕망한다면
반드시 공포는 그 욕망에 업혀 온다.

욕망에 눈을 맞춰 내가 너를 선택했음을 알려라.
욕망이 제 정신으로 갈 수 있도록 배움으로 힘을 보태라.
결코 공포가 욕망의 등에서 펄쩍 뛰어내려 나란히 걷게 하지 마라.
그저 업혀 오는 것만으로도 만족하도록,
딱 거기까지가 네 역할이니 등에, 뒤에 그리 따라오라 명령하라.
자신의 위대한 힘이 공포에 희생되지 않는 선택 앞에 자유로우라.

그것이
'욕구하는 인간인 나'의 권리란 사실을 망각하지 말라.

'나태와 여유'에 대하여
악마도 구원받기 위해 하나의 인간을 세운다는데...

악마는 너무 부지런하여 언제나 인간보다 앞서며
악마는 약한 사람에게 헌신하고
악마도 지옥으로 떨어지면 인간처럼 주장하며 구원을 받으려 한다.
그렇게 자기구원을 위해 자신이 헌신할 하나의 인간을 세우는데...
그래서
당신이 사람인 한, 악마는 당신의 주위를 맴돌 것이며 자신의 와인을 맛보라 할 것[1]이다.

때론 추상이 구체보다 더 신뢰로울 때가 있다.
악마에 대한 얘기가 내겐 항상 그렇다.

악마 셋이 모여 내기를 했다.
'인간 좌절시키기!'

1번 악마는 불의의 사고를 유발해 인간의 신체를 불구로 만들었다.

---

1 루미시집, 루미, 시공사

아뿔싸.
인간들은 신체따윈 아랑곳없이 불.굴.의.의.지.로
좌절은 커녕 더 강해지더라!
1번 악마 실패!

2번 악마는 천재지변을 일으켰다.
홍수에 산사태에 지진에 가뭄에 태풍에
심지어 전염병까지 별의 별짓을 다했는데!
아뿔싸.
인간들은 그 뛰어난 머리로
좌절은 커녕 뭐든 극복하고 복구해내며 더 강해지더라!
2번 악마도 실패!

3번 악마는 인간에게 속삭이기로 했다.
아주아주 달콤한 목소리로
아주아주 다정한 느낌으로
아주아주 친절한 말투로
아주아주 그럴싸한 설득으로
사~~알짝 마음에 대고 조곤조곤

'괜찮아, 넌 잘 하고 있어, 오늘만 날인가? 오늘 하루쯤 쉬어도 돼, 조금 더 한다고 크게 달라지는 건 없어, 시간은 무한정이야, 언제든 네가 맘먹으면 그때 하면 돼, 괜찮아 괜찮아, 넌 참 잘하고 있어.'

인간은 하루, 하루, 또 하루.
계속 계속 미루고 또 미루다
결국,
'아.... 시간이 이렇게 가버렸어. 그럴 줄 알았어. 난 뭘해도 안되는 놈이야!'
3번 악마 성공!

3번 악마에게 걸려든 인간은 해내야 할 방법을 찾는 대신 안해도 될 변명을 찾게 되고 당장에 큰 이변이 없으니 서서히 위로와 위안에 길들여져 스스로가 스스로를 무너뜨리는지도 모른 채 결국 좌절하고야 마는, 나약하기 그지없는 꼴을 보이고 만 것이다. **나태와 태만은 내가 잡고 있는 손이 악마의 것인지도 모르는, 어리석음이 일상화된 정신현상이다.**

1, 2번 악마는 외부의 것으로 인간을 가격했지만 오히려 인간에게 더 큰 능력을 갖게 했다. 3번 악마는 인간의 내면을 향해 서서히 회유를 시도했고 가랑비에 옷젖는지 모르는 어리석은 인간은 회유에 넘어가 스스로를 좌절시켜버렸다. 인간은 신체가 무너지면 더 강하게 살아남지만 정신이 무너지면 스스로 목숨을 끊기도 한다.

"나는 나태하지 않아. 나는 충분히 쉴 자격이 있어. 나는 지금 여유를 부려도 될만큼 했어." 물론 그럴 수 있다. 그럼에도 불구하고 혹시...
지금 내가 '여유'라 여기는 것이 나태의 다른 이름은 아닐까?
악마의 회유로 인한 착각은 아닐까?
악마가 '구원받기 위해 세운 한 사람'이 나인 것은 아닐까?

진정 여유를 부릴만큼 최선을 다했다면
나태와 태만은 여유로 승격되지만
그렇지 않다면 여유라는 이름은
악마의 구원에 희생될 인간으로 간택된 것일테다.

하지만, **나태와 태만이 반드시 필요한 지점이 있다.**
내 감정이 고요하게 여유를 가지도록 마음에는 한없는 나태를 요구할 수 있어야겠다. 그래야 이것저것 세상이 요구하는 선택과 판단에 있어 정신이 정신줄놓는 나태함을 막을 수 있으니까, 그래야 평정심을 유지할 수 있으니까.

여유와 나태는 종이 한 장차이이니까.
하지만, 이 지점은 유일하게 자신만이 구분할 수 있다.

'용기'에 대하여

용기는 계산하면 드러난다.

집중해야 할 일을 앞두었는데도 감정의 방해를 받으면 나는 스스로에게 따져 물을 때가 있다. 묻고 나면 그 근거를 찾아 내 안을 이리저리 뒤적이는데 역시나 '근거'는 없다. 나에게 온 두려움, 불안과 같은 감정들은 **'근거없는 고뇌'**가 분명하다는 사실만 확인할 뿐이다.

이러한 근거없는 고뇌들은 예측에서 오거나 허상에서 비롯된 것들이 많다. 이렇게 될 것 같아서 불안하고 이렇게 되지 않을 것 같아 두렵고. 현재가 아닌 미래의 어느 지점이, 현실이 아닌 상상속의 어떤 현상이 현실이 되었을 때 겪게 될 법한 일들을 미리 계산에 넣어 감정을 불러내는 것이다. 물론, 미리 대안을 생각하고 고려하는 것을 무시하는 것은 아니다. **감정이 아닌, 이성을 더 염두에 두어야 하지 않을까**를 말하기 위함이다.

우리에게 이러한 '근거없는 고뇌'로 인한 부정적 감정이 야기되는 시점, 그러니까 머뭇거리며 선택을 미루거나 집중해야 하는데 쓸데없이 '이렇게 한다고 될까?'에 날 빠뜨리는 경우, **'용기'**라는 녀석이 필요함을 느낀다. 사실 용기는 일상에서는 거의 필요치 않다. 양치질하고 밥먹고 일하고... 이러한 일상은 특별한 장치가 없어도 그냥 굴러간다. 일상에서 약간만 비껴난 어떤 현상에 처했을 때 내지 처해질 위기에 우리에게는 '용기'가 필요하다.

그런데. 상당 부분에서 '용기가 없어서' 관두거나 미루는 일들이 허다한 걸 겪으면서 '진짜 내게 용기가 없는 걸까?'에 대해 살피기 시작했다. 없다면 고민을 해야 할 이유도, 할 것도 없는데, 있으니 고민하는 것이 아닐까? 있으니 가지려, 만들려, 찾으려, 키우려는 것이 아닐까?

그렇다면, **'용기는 있다!'** 로 쉽게 결론을 내고 이제
'용기를 어떻게 어디서 가져다 쓸 수 있을까?' 로 고민은 축소된다.

최근 나에게 극도의 용기가 필요했던 사건은 우습게도 치과에 가는 것이었다. 그간 '용기없어서' 방치했던 나의 치아는 문제가 많았고 도저히 치통때문에 견딜 수 없을 지경에 이르러서야 난 '용기내서' 치과를 찾았고 '더 큰 용기내서' 치료를 받게 되었다. 있는 힘껏 앙주먹을 쥐고 버틸 것이 뻔해 손 안에 쏙 들어오는 작은 인형 하나 들고 치료용의자에 앉기까지 했으니 여하튼 나에게 치과는... 생각하기도 싫지만, 아무튼 내게 엄청난 용기가 필요한, 그리고 용기가 내게 존재한다는 사실, 나아가 '용기가 어디서 비롯되는지까지'를 알려준 곳이다.

내가 '용기를 만들지' 않고도 내게 존재하는 용기를 제대로 갖다 쓸 수 있었던 것은 **'계산'** 때문이었다. '치료받지 않고 아픈 것보다 치료받고 안 아픈 것이 더 낫다'는 계산. 어렸을 때 쓴 약을 먹을 때도 우리는 그렇게 용기를 갖다 썼다. 그렇게 도망다니지만 결국 코잡고 한숨에 쓴 약을 들이켰던 기억,

할까말까 망설이던 그 말을 기어이 하고야만 기억, 날 이해해주지 못하는 부모에게 '오늘은 기필코' 대들었던 기억. 이 모든 기억들에서 '용기'는 단순한 동기로 자동발생했다.

'안하는 것보다 하는 게 나은, 계산'
'나에게 유리한 것을 알아낸, 이성'
결국,
용기는 머리에서 나오는 것이다.
가슴이 아니더라.

머리에서 이쪽보다 저쪽이 유리하다는 판단이 서면 용기는 저절로 솟는다.
'자리(自利)'.
스스로에게 이로움을 추구하는 것이 인간본성인지라 용기 역시 정확하게 이곳에서 찾을 수 있다. 스스로에게 이롭다는 것이 머리에서 이성적으로 이해되면 누가 뭐래도 용기는 자연발생적으로 드러난다.

과거 사랑하는 이성에게 꽃다발을 건네주며 고백했을 때의 용기, 고백하지 않는 것보다 하는 게 더 유리했기 때문이다. 공부를 하지 않는 것보다 하는 게 더 유리하기에 그 어려운 공부도 해내는 용기가 생겼고 아이를 낳지 않는 것보다 낳는 것이 더 유리하기에 아이키우며 겪을 수많은 어려움들을 충분히 알지만 용기내어 아이를 낳았고 말하지 않는 것보다 말하는 것이 더 유리하기에 용기내어 '할 말하는' 인간이 되었고 돕지 않는 것보다 돕는 것이 더 유리하기에 과거 '운동'하는 이들 뒤에는 죽을 각오로 이들을 돕는 용기있는 이들이 숱했고 도전하지 않는 것보다 도전하는 게 더 유리하기에 지금도 수

많은 사람들이 도전하고 있는 것이다.

사랑보다는 돈을 택하는 것이 더 유리하니 사랑을 버리는 용기가 생긴 것이고 적당한 타협이 정의보다 더 유리하니 타협하는 용기도 생긴 것이며 거짓인 줄 알면서도 사는 데 유리하니 거짓된 삶이 줄, 벌 받을 용기도 생기는 것이다.

용기는 선악을 가리지 않고 누구에게나 언제나 어떤 상황에서나 '유리하면' 드러난다.

용기.
가슴에게 허락받는 것이 아니라 머리에 제대로 된 이성을 키우면 저절로 생기는 가치다. 가슴 말고 머리다! 내 지식이, 정신이, 이성이 무엇을 쫓는지, 향하는지, 원하는지 그것이 명철해지면 용기, 의지, 투지, 결의, 다짐, 각오, 작정. 용기와 그의 형제들 모두가 한꺼번에 저절로 내게서 드러난다.

'용기를 가져라'고 말하지 말자.
용기는 이미 모두가 지니고 있다.
무엇이 더 자신에게 이로운지 계산하면 된다.
'용기있게 행동하라'고 말하지 말자.
용기있는 행동이란 없다.
계산에서 이익이면 저절로 나오는 행동에 붙은 이름이 용기다.
'용기가 없다'고 말하지 말자.
없다면 찾지도 말 것이며 욕구도 갖지 마라.
욕구가 없으면 용기가 필요 없으니 자연소멸될 것이다.

용기가 없다고 여기는 것이 더 유리하니
용기없는 사람으로 살아갈 더 큰 용기가 생긴 것이다.
'용기있는 선택'이란 없다.
'용기없는 선택'이 없다면 '용기있는 선택'도 없는 것이 당연하다. 선택한다는 그 자체에 이미 용기가 함유되어 있기 때문이다. 이쪽이든 저쪽이든 유리한 쪽을 택하는 본성대로 선택하게 될 것이다.

그러니, 근거없는 고뇌로 인해 괴로울 필요가 없겠다. 예측은 현실이 아니므로 내 괴로움은 망상에 기인한 것이다. 이들 망상을 쫓으려 용기가 필요한 것이 아니라 더 유리한 것을 획득하려는 인간본성에 의해, 이득이 계산되면 저절로 드러나는 정서가 용기이니 용기를 가지려 애쓰지 말고 이득을 계산하고 가슴에 '원하는 것의 결과'를 심으면 나는 이미 용기있는 사람인 것이다.

한가지 바란다면,
세상은 '선'으로 향하는 것이 이로우며
세상을 구성하는 '자연'도 '선'을 추구하고
인간은 본성적으로 '선'의 가치를 득으로 여기니
나는 '옳은'방향으로 용기가 드러나게 살아봐야겠다.

결국,
용기를 찾고 낼 것이 아니라
용기를 사용할 방향을 정하고
그 방향이 이로운지가 우선적으로 해석되면
용기도 생기고 선도 향하는 '인간다운' 인간이 되는 것이니까!

'관계'에 대하여

관계의 발작과 경련

또 다시 증명된다.
사람이 한치 앞도 보지 못한다는 것이.

하지만 이를 거부하는 증명도 있다.
두치, 세치,
열치 앞까지 보는 이의 등장으로.

비록 드물긴 하지만
세상의 대법(大法)에 의해
다수를 위한 소수는 반드시 존재하고
군중 속에 천재도 반드시 존재하고
어리석은 자 사이 현자는 반드시 존재하니

열치앞 멀찍이서 볼수있는 **혜안(慧眼)**.
드높은 시선에서 바라보는 **관조(觀照)**.
속깊은 심연에서 길어올린 **심안(心眼)**.

멀고 높고 깊은 눈을 지닌 자여...
한치앞만 보는 이는 한걸음,
두치, 세치 앞을 보는 이는 두세걸음 앞에서
이들의 길을 안내해야 하리라.

그러나,
방심하지 않아야 한다.

섣부른 사랑이 발작을 일으키고
섣부른 믿음은 경련에 떨것이다.

발작과 경련은
순식간에 관계의 근육을 조이며
남남이던 그 지점으로 서로를 밀쳐버리니.

혜안과 관조와 심안을 지닌 자여...
거룩하고 고결한 용기있는 시선 지닌 자여...
발작과 경련에선 잠시 멈추라.
관계는 늪과 같아 빠지면 헤어날 수 없으니
관계란 물과 같아 허우적대다 익사할 수 있으니...

그러니
관심을 멈추어 지금의 발작에서 멀어져라
사랑을 멈추어 지금의 경련을 더 큰사랑의 도구로 삼으라.

그렇게 그저
다음 세대를 위해
자신의 길을 뚜벅뚜벅 걸으라.

그리 한다면,
한치앞도 못보며 아첨하는 이나
두치 세치를 보며 자만하는 이나
장님인채 걷다 돌아서는 이나
그저 자기변명의 탑만 높이 쌓아 올린 것임을
인생의 한 모퉁이에서 자각할 때가 있을 터이니.

관계의 발작과 경련에서 멈춘 자여.
그저 멀리 보고 깊게 느끼며 걸으라.

이내
발작과 경련의
소란스런 틈 속에서
소중한 인연이 다가오는 법이니...
소용있는 인연은 남겨지는 법이니...
소일끝낸 인연은 떠나가는 법이니...

'진솔함'에 대하여

환장하겠네.

파운데이션으로 잡티부터 가리고
아이라이너와 마스카라로 손 떨며 처진 눈매 올려도

부족하다.
헤어스타일로 이미지 잡고
배에 힘주고 딱! 맞는 의상에 몸을 끼워 넣었지만

아직도 부족하다.
억지 웃음으로 입꼬리에 고무줄을,
화려한 귀걸이로 금간 자존심에 금칠을,
빨간 구두로 주저앉은 자존감에 높이를

이래도 부족하니...
먼저 악수청하며 화통한 척
명함내밀며 잘난 척
상대가 내민 명함은 5초정도 유심히 봐주는 걸로 관심주는 척

반보 뒤에 걸으며 존중하는 척
'드시고 싶은 거 드세요'하며 있는 척

여전히 부족하네...
그러면...
그러면...

하고 싶은 말대신 상대가 듣기 좋은 말로
먹고 싶은 음식대신 상대가 고르면 맞장구치는 걸로
앉고 싶은 자세대신 고상하고 우아한 다리꼬기로
무지한 지성대신 잘 나가는 인물 중 누구 아는 걸로
차가운 가슴대신 고개 끄덕이며 공감한 걸로
싫어하는 내색대신 '저 상관마세요' 기꺼이 해주는 걸로
밀리는 기세대신 억지칭찬으로 상대기분 돋우는 걸로
상대와 대상에 대한 분풀이는 뒤담화에서 푸는 걸로!

화장하고
분장하고
치장하고
이도 모자라

포장까지 하니
내가 아닌 다른 나로
변장됐다.

아...
난장이다...
그제서야
내 오감의 둔감을 알아챘다.

환장하겠네.

세네카는 '자기를 꾸미려고 하는 그 정도의 열의가 효과를 나타낸다고 해도, 늘 가면을 쓰고 사는 사람의 삶은 즐겁지도 않고, 마음도 편하지 않을 것'이라면서 '끊임없는 겉치레로 고통받느니. 순박하게 살면서 멸시받는 게'[1] 낫단다. 무조건 동감이다.

내가 아닌 나로 잘나질까?
내가 아닌 나로 진실할까?
내가 아닌 나로 즐거울까?
그렇게..
내가 아닌 나로 살아질까?

신데렐라처럼 다시 나로 돌아가니
맑고 선한 눈빛 돌아오고
순수한 우유피부 화사하고
어눌한 말투 자유롭고
조였던 긴장 편하게 옷을 벗으니

---

1 인생철학이야기, 세네카, 동서문화사

승모근은 더 이상 힘쓸 일없고
눈과 혀와 손은 내 벌거벗음에 감사하며 제자리에서 편안하다.

이제서야
'아! 너였구나!'
세상은 나를 알아채고 나의 오감을 돌려준다.

예뻐 보이겠지만 아름답지 않다면
밝아 보이겠지만 가시가 있다면
정직해 보이겠지만 양심이 운다면
단순해 보이겠지만 꾀가 많다면
화통해 보이겠지만 의도가 있다면
커보이겠지만 너머를 보지 못하면
있어 보이겠지만 남의 것으로 차있다면
똑똑해 보이겠지만 눈빛이 악하다면
부지런해 보이겠지만 그저 바쁜 것이라면
예의바르게 보이겠지만 경직되어 있다면
이 어찌 진솔하다 할 수 있을까?

모르면 모르는대로
보이면 보이는대로
들리면 들리는대로
느끼면 느끼는대로
알면 아는대로

나...
그렇게 살아도 되지 않을까?
'척', '체' 가 없으면
'탓'이 없어진다.

결코
잘나 보이려 애쓰지 않아도 괜찮다.
아니
그럴 이유가 무에 있을까?

못난 나를 드러내면
오히려
잘난 내가 되는데.

'원망'에 대하여
길을 잃은 자체가 벌이니...

굳이 복수하지 마라, 썩은 과일은 알아서 떨어진다.
누군가 당신에게 해악을 끼치려거든 굳이 앙갚음하려 들지 말고
강가에 고요히 앉아서 강물을 바라봐라
그럼 머지않아 그의 시체가 떠내려올 것이다[1].

음..
내겐 참으로 원망이 많았다. **'원망'**이란 단어를 사용하면 왠지 안쓰럽고 부당한 일을 당한 듯 싶겠지만 '원망'의 다른 이름은 '남탓'이다. 내게서 그 이유를 찾으려 하지 않고 타인에게서 찾으려는 순간 '원망'이 생기고 그 감정에 불의가 섞이면 '앙갚음', 좀 더 심한 표현을 들자면 '복수'하고자 하는 마음이 들며 이를 정당화하기 위해 '눈에는 눈, 이에는 이'라는 표현을 하기도 한다.

그런데 가만히 생각해 보면 대상과의 관계에서 정당성을 따졌을 때 '원망'이 생기는 것인데 과연 이 원망이 합리적일까? 그럴 수도 있지만 아닐 수도 있다. 합리적이라면 원망이 아니라 그냥 처리하고 해결하면 될 일인데 속내에

---
1 노자 도덕경

합리적이지 않다고 여기는 마음이 가세되니 원망이라는 감정으로 자라게 되는 것이다. 따라서, 원망은 어쩌면 '나는 합리적이고 정당'하다는 자기기만일수도 있고 일정 부분의 사실적 오류도 포함하고 있을 것이다. 왜냐면, **인간의 '합리'라는 속성은** 인간으로서 전혀 예측하지 못하는 비합리가 무조건 함유되어 있을 수밖에 없기 때문이다. 따라서, 내 안에 '원망'이 많았다는 것은 나는 정당하고 상대(또는 대상)는 부당하다는 자기중심적 지배 논리가 잣대로 드리워져 있다고 볼 수 있다.

나 또한 어느 날, 어떤 사건에 의해서, 그러니까 내가 하는 북클럽의 열혈팬이었던 이가 평소 나를 대하는 태도와는 달리 하루 아침에 변해버린 태도에... 아무튼 '배신감'같은 것을 느끼게 되었고 이 때, 내가 그간 쏟았던 정성을 배신으로 돌려준 그(녀)를 응징(?)하고 싶어졌고 원망과 한탄과 비애와 심지어 나로 하여금 '사람을 믿지 못하게 만든' 그(녀)를 원망하며 괴로웠었는데 그 때 알게 되었다.

나는 갈 길을 가고 있었고
그(녀)는 갈 길을 잃었으니
길잃은 양에게 복수하거나 가르치려는 것을 시도할 필요는 없다.
길을 잃은 자체가 그(녀)에겐 벌이니까.

이러한 명제가 하나 강력하게 생긴 이후로 내 안의 원망이나 비애, 불안감이 살짝 고개만 내밀다 사라졌다. 그렇게 감정이란 녀석은 '자각'을 위해 온 것이라는 사실, 그렇게 자각하는 순간 순식간에 자기 할 일 끝낸 후련함으로 내게서 떠난다는 사실을 경험으로 체득했다.

그런데 오늘 새벽 '악타이온'의 내용을 읽으면서 나는 이 명제에 근거 하나를 더 얻게 된 것이다. 여기서 또 살짝 옆으로 비껴나가서 한마디 하자면, 나는 가늘고 나약한 실오라기 하나 붙잡고 가는 중이다. 철학자도 사상가도 아닌 내가 뭔가를 주장, 제안, 나아가 담론으로 제시하고 명제로서 설득하고 이를 사상으로 구축한다는 것은 결코 쉬운 일이 아니며 언제 끊어질 지 모르는 가는 실과 같다고 여기며 매일 글을 쓴다. 그런데 이렇게 가는 실을 굵고 단단한 실로 만들기가 무지 어려우니 가는 실들을 여럿 모으자. 그러면 제아무리 가늘어도 결코 끊어지지는 않을 것이기 때문이다. 그래선지 나는 책을 읽으며 이렇게 **내 명제에 보탬이 될만한 근거 하나를 발견하고 뒷받침이 될 사례 하나를 더 알게 되는 것은 가는 실하나를 더 보탠 것이기에 내겐 최고의 에피파니(epiphany)를 체감**하는 것이다.

신화 속 인물인 악타이온은 여신의 벌을 받아 사슴으로 전신했다가, 제 손으로 기른 사냥개들에게 물려서 찢겨 죽었다. 그런데 악타이온이 이런 변을 당한 것이 팔자가 그래서지 딱히 어떤 죄를 범해서는 아니었다. 그에게 죄가 있었다면, 길 잃은 죄밖에 없었다.[2]

'길을 잃는다는 것은 어떤 의미일까?'에서 시작된 새벽의 호기심은 '나는 내 길을 제대로 가고 있나?'로 이어지더니 기어이 '악타이온을 죽게 만들고서야 자신의 분노를 가라앉힌 아르테미스의 원망이 내 안에서 날 괴롭히는 원망과 무엇이 다른가?'로 줄기를 뻗어 악타이온이 길을 잃은 것만으로도 죄를 받은 것이라면, 이 신화가 내게 던져준 메세지는 결국, 노자의 말대로 운명이 벌할 것이니 인간인 나는 아무 것도 하지 말라는 의미가 아니겠는가...

---

2 변신이야기, 오비디우스, 민음사

수천, 수만년 전의 사람, 사건이 지금 나와 다르지 않다는 연결성과 동질성.
수 차원의 우주 속 어딘가에서 벌어지는 다양한 사태 역시
지금 나의 삶과 결코 분리되지 않는다는 일체성.
나는 이 광활한 우주에서 누군가가, 어디선가에서 겪었다면
나 역시 겪을 수 있을 것이라는 연속성과 순차성.

책은 참으로 내게 소중한 존재다.
오늘 새벽독서는 내게
나의 사상에 가는 실하나를 보탰고
원망이나 복수와 같은 무서운 감정이 해석에 의해 내게서 멀어졌고
시공간을 초월한 일체의 경험 모두가 배움이라는 사실에 감사했고
진정한 앎은 삶에 대입되었을 때 가치가 더해진다는 사실을 경험케 했다.

나 역시 길을 잃을 때 누군가로부터가 아니라 내 운명이 날 벌할 것이다.
내가 가야 할 길을 묵묵히 가며 길을 헤맬지언정
갈 길을 잃고 아무 곳이나 들어가는 일은 없어야겠다.
헤맬지언정 아무 곳에나 머무르지 않는 것.
늦을지언정 멈추지 않고 계속 걷는 것.
잘못 갈지언정 멀리 돌아서라도 당도하리라 믿는 것.
이를 지켜주는 덕(德)은 소신이다.
타협하지 않게 이끄는 힘.
내겐... 있다...

'궁극의 쾌락'에 대하여

이것이 쾌락이다!

"홍어 댕기는 길은 홍어가 알고 가오리 댕기는 길은 가오리가 앙께요[1]."
"제 입에서, 고기를 씹을 때 홍시 맛이 났는데 어찌 홍시라 생각했느냐 하시면 그냥 홍시맛이 나서 홍시라 생각한 것이온데[2]."

더 풀어낼 글도, 해야 할 말도, 해석의 필요도 없다.
모르니까 찾게되고
찾게되면 알게되고
알게되면 이해되고
이해되면 해석되고
해석되면 하게되고
하게되면 보여지고
보여지면 드러나고
드러나면 소유하고
소유하면 쓰여지고

---

1 영화, 자산어보의 대사 가운데 발췌
2 드라마, 대장금의 대사 가운데 발췌

쓰여지면 재미나고

재미나면 즐기면 된다.

이것이 쾌락이다!

그러니

김주원은 김주원의 길을 가면 된다. 그 길은 김주원밖에 모른다.

정근아는 정근아의 길을 가면 된다. 그 길은 정근아밖에 모른다.

이화정은 이화정의 길을 가면 된다. 그 길은 이화정밖에 모른다.

김경숙은 김경숙의 길을 가면 된다. 그 길은 김경숙밖에 모른다.

그렇게

모두가 자신의 길을 가면 된다.

그 길은 자신밖에 모른다.

남의 길 따르는 데에 힘쓰지 말고

내 길 찾아

내 길 만들어

내 길 다듬으며

내 길 걸으면 된다.

이것이

신성한 창조이며

실천적 창의이며

궁극(窮極)의 쾌락이다.

궁극. 삶의 끝에
쾌락. 느끼는 기쁨

그러니,
세상의 명령이며 심연의 소리이며 조화의 풍요이며 존재의 실체이며 선(善)의 자유이며 책임의 의무이며 탄생의 양심이며 행위의 이유이며 현실의 몸값이며 잉태의 태동이며 꿈의 씨앗이며 하늘이 내게 준 천.재.성...
천.재. '하늘이 내려준 재주(天才)'로 '현실을 사는 자'여야
'궁극의 쾌락'의 주인이다!

욕구의 충족감,
내 삶을 내가 꽉 채운 듯한,
꽉 쥔 손을 벌려 내 삶을 세상속에 남기고 떠나도
누구나 마땅히 기뻐하고야마는 내 삶의 역사....

궁극의 쾌락을 향한 삶길이
비록 얽힌 실타래와 같을지라도
세상의 치밀하고 엄격한 설계에 의해 내게 명령된 조화의 길이다.

그러니 나를 선택하여 내 몫을 알려준 세상에 감사해야 하지 않을까?
그러니 온전히 나로써 쓰여 '감사'에 보은해야 하지 않을까?
그렇게 카론[3]에게
뼈 외에 아무것도 남길 것 없는 생을 살아내야 하지 않을까?

---

3 카론 : 그리스 신화에 나오는 저승의 뱃사공

세상의 의지와 의도를 알아채고

나의 의무까지 알아냈으니

그 길을 걷는 나에게

세상도 감사해하지 않을까?

세상이 나를 보호해주지 않을까?

세상이 모든 것을 알려주고 제공해주지 않을까?

세상을 이롭게 하는 나에게 기여해주지 않을까?

나는 나만의 쾌락의 길을 추구하고 걸었을 뿐인데

내가 자신을 도왔다며 선물까지 주시니....

이것이 바로,

이기의 승화, 이타다.

이런 이유로, 나는 오늘도

홍어처럼, 가오리닮은, 홍시같은 나여야만 하겠다.

나의 천재성으로 하루를 놀아내는 나여야만 하겠다.

궁극의 쾌락으로 가는 이 길에 감사부터 보내는 나여야만 하겠다.

'고립'에 대하여

거목이 되기 위한 묘목의 길이길

'혼자가 되어 고독에 몸을 맡기는 것을 허가받은 지금, 반은 타고나고 반은 터득한 이 재능이 나타났다'[1]고 스스로를 발견한 괴테처럼 나도 그렇다. 나에게 외부와의 '의도적 단절'을 지시하고 '고립'을 택한 후부터 나는 나를 샅샅이 살피기 시작했고 도대체 그간 나는 나없이 어찌 살았는지 내게 보이지도 느껴지지도 않던 나였는데 어느 순간, 스멀스멀… 내 어휘로는 표현이 어렵지만 때론 작은 소리만 살아있는 개울처럼, 때론 소리까지 거대한 폭포처럼 내 안의 나는 수시로 다양하게 날 자극했다. 보이지도 들리지도 잡히지도 않는 내 안의 나를 놓칠까 두려워, 아니, 반가운데 낯설어 나는 밤낮으로 나를 찾고 쫓고 그린다.

반쯤은 타고난 것들이 분명 내게도 있을텐데
내 속에서 참으로 오랫동안
내 손길을 기다리는 그 정체에게
지금까지 나는 미안해하며
조금씩 세상의 빛을 보게 나를 열어가는 중이다.

---

1 시의 진실, 괴테, 동서문화사

아직은 어줍잖은 창작활동이지만 '창작가는 항상 자신의 가장 훌륭한 덕목조차도 의식해서는 안된다[2]'는 릴케의 조언대로 나는 지금까지 사회에서 만들어온, 나를 대변하던 것들로부터 나를 분리시켰고 철저히 '글'에 있어서는 기본부터 다지기로 결심했었다. 그렇게 인문학에세이를 매일 1편씩 써내려 간 지 40여개월. 이 과정에서 나는 오로지 나 자신과 만날 방법을 터득하여 기회를 획득했고 그 깊고 어두운 곳에서 여전히 진한 숨결을 보내며 내 눈길과 손길을 기다리는 정체모를 희미한 본연의 나를 발견하고 있는 것이다.

거창하게 '내 깊은 곳의 영혼, 근원과의 조우'라고 말하기엔 나 자신부터 민망하기 그지없지만 그럼에도 불구하고 인간은 하나의 우주이니 우주처럼 광활한 내 속을 탐험하는 활동에서 어느 정도 낯섦이 사라져가는 것을 느낀다.

내부로부터 드러난 창작물이어야 하나의 예술로 승화된다는 진리. 이 진리에 근접해가는 것이라면 나는 지금 잘 해내고 있는 듯하다. 오늘도 여전히 나는, 창작물이 세상의 평가를 받는 것에 개의치 않고 그저 내 것을 드러내는 것만이 내가 해야 하는 유일한 의무인 듯 그저 발견한 나를 글에 담고자 쓰고 또 쓰고 고치고 또 고친다. 그렇게 어느 순간, 죽을 때까지 이 짓을 해도 좋으리란 생각에 도달한 듯도 하다.

나는 세상에 유일하기에 내 안에서 나온 것은 무조건 독창적일 수밖에 없으며 이것만으로도 존재가치는 충분하니까. 이렇게 나는 내 속에서 웅크리고 있던 희미한 정체를 점점 선명하게 인식 중이다.

---

2 젊은 시인에게 보내는 편지, 릴케, 태동

서서히 '혼자'가 되어 가는 이 길은 외부로부터 나를 고립시키더니, 내부의 나를 찾게, 다시 태어나게, 표현하게 하는 많이 낯선 결과들을 선물했다. 이 낯섦이 어렵거나 거북스럽지 않고 오히려 자연스러운 쾌락임을 깨닫는데는 그리 오래 걸리지 않았다. 그리고 이 쾌락을 즐기는데 나는 푹 빠져 있다.

분명 나는 글을 배운 적도 없고 그렇다고 타고난 재능이 일찌감치 발견된 것도 아니었으며, 게다가 나름 살면서 덧입혀 놓은 프레임 덕에 '글은 아무나 쓰는 것이 아니'라는 사고가 나를 지배했지만, 무언가가 내게서 자꾸 탈출을 시도하는 것을 막을 재간까진 없었다. 하지만, 제대로 나오지 않는 찜찜함과 나오는 것들의 더딘 속도와 적은 양, 부족한 필력으로 속상한 시간들이 지속될수록, 고립은 나에게 더욱 더 이 작업에 고집부리고 집착하게 만들었다.

고립을 택했기에 고독했고 고독했기에 고집을 지폈다. 고립 덕이다. 철저하게 기존의 나로부터 나를 분리시킨 고립과 고독의 시간. 나는 지금 내 안의 나를 자유롭게 유영시키는 재미를 경험으로 체득하며 이 재미진 고집을 집착까지 몰고가는 중이다. 철저히 자기 안에서 '살아내는', '살아있는' 충만함을 경험할 어떤 시기가 인생 어딘가에 반드시 등장한다면
내겐 지금이 그 때다.

내게로 오는 예상치 못한 문제, 통증, 갈등, 생각, 사람, 정보라 불려지는 사태와 사건, 또 내가 알지 못하는 많은 것들은 내 인생에서 해야 할 무언가가 있어 내게 온 것이다. 그러니 나는 나를 그 모든 것들로부터 분리시켜 '나를 관리', 아니, '나를 키우는' 것만 신경써야지 나름의 이유로 내 인생에 진입한 그것들의 '역할'에는 관여하지 않기로 했다.

그래선지
**나의 고립과 고독은
나만의 고유성으로**
나를 안내했다.

예상치 않게 등장한 문제거리들,
관계에 함께 동반되는 갈등들,
갑자기 날 아프게 하는 통증들,
우연히 만나게 된 사람, 듣게 된 정보들,

그리고 지금 내가 미처 감지하지 못했지만 내게로 온 모든 것들이 내 인생에 들어오더라도 나와 무관하게 자기들이 해야 할 일을 되도록이면 가속도를 내어 얼른 해치우고 가길 바랄 뿐이다. 하나 더 바래도 된다면 그것들이 내 인생에 개입한 이유와 그로 인해 내가 치르는 대가가 걸맞다면 그들이 작정한 그 곳으로 나를 얼른 데려가 주길 바란다.

그 자리로 가보면 그것들이 내게로 온 이유를 알게 되겠지.
이렇게 날 키우기 위해서였구나,
이렇게 날 자각시키기 위해서였구나,
이렇게 나에게 인생을 가르치기 위해서였구나를…

그렇게 직관적으로 내게로 오는 자극들,
내 안에서 나오려는 창조물들이 어여 나오길 나는 바란다.

외부와의 의도적 단절은
나를 고립시키고 고독을 친구로 맺어주더니 고유한 나를 찾게 도왔다. 나의 모든 감각이 이 사실을 증명하고 있다. 감각이 진정한 자유를 위해 흥분하고 모든 감정이 감각의 자극에 유쾌하니 나의 정신은 시간과 환경의 지배에서 벗어나 자신만의 질서를 찾아간다. 나는 온전히 나로서 채워지고 있는 중이다.

분수같은 존재. 자기 자신으로 가득차 자기에게만 전념하는[3]...
신성한 무관심의 상태. 이렇게 계속 나에게 오는 모든 사건과 사태들이 나를 나로서 더 채우고 내가 원하는 그 곳으로 더 안전하고 온전하게 나를 데려가 주면 좋겠다.

예측하지 못한 하루하루가 나를 여기서 저기로 옮기더라도
작은 화분에서 뿌리 뽑혀 갑자기 흙이 털리는 이변을 겪더라도 큰 세상으로의 이동에 침묵하는 묘목처럼 나에게로 느닷없이 온 것들이
'거목이 되기 위한 묘목[4]'의 길이라면 좋겠다.
그렇게 내 죽는 날 당도해야 할 그 자리로 가는 길이라면 좋겠다.

공부하지 않았다면 큰일 날 뻔했다.
이렇게 큰 우주를 품은 나를 몰라볼 뻔했다.
이렇게 지독하고 치열한 나를 가만둘 뻔했다.
이렇게 다양한 색을 지닌 나를 외면할 뻔했다.

---

3. 4 젊은 시인에게 보내는 편지, 릴케, 태동

이렇게 이유품고 내게로 온 것들을 내가 방해할 뻔했다.
이렇게 근사한 길을 내버려두고 남들 가는 길을 따를 뻔했다.

공부하길 참 잘했다.
나는 여전히 내가 궁금하다.
앞으로 '내가 모르는 것'은 또 얼마나 많을지,
앞으로 '내게로 오는 것으로 깨닫는 길'은 또 얼마나 깊을지,
앞으로 '느닷없이 자리가 옮겨지는 낯선 이동'으로 반석에 다다르는 길은
얼마나 가까워질지…
공부하길 참 잘했다.

'공유'에 대하여
내게서 달아났지만

새벽 4:00

날 깨우는 것은
내게서 세상으로 나오려 안달난 글들이다.
어디선가 내게로 와 마구마구 내 정신을 두드리는 통에
항상 알람보다 먼저 일어나는데.

이 녀석들!
날 깨우고는
자기들은 내 손끝에 멈춰주지 않고
이내 세상으로 흩어진다.

내 것은 내 것으로,
내 것 아닌 것은 내 것 아닌 걸로
그냥 내버려 두려 하지만
내 작은 속은

'내건데…'
아쉬워 계속 기억을 더듬지만
도통 다시 돌아오지 않는다.

괜찮다.

내 안에서 나왔지만 내 것이 아닌 것은
세상 속 누군가 손끝에서 씨앗되어 심기겠지.
그렇게 세상에 드러나겠지.

내 손끝에서 훌쩍 달아난 글이라도
내가 사는 세상 속 어딘가에 존재할 테니
아쉬워 할 필요 없겠지.

아뿔싸!
그러고 보니
내 손끝에서 뿌려진 글들 역시
세상 속 누군가가 놓쳤거나 이탈해
내게 심긴 것이겠네.

내게서 떠나버린 글들을 기억하려 애쓰고 아쉬워할 게 아니라
누군가로부터 내게 와준 글들에 감사해야겠구나.
오늘도 자신의 창조를 위해
내 안에서 기다리다, 또는

누군가의 손끝에서
내 손끝에 닿은,
이 세상 모든 창조된 글들에 감사의 눈길을 보낸다...

창조된
세상 모든 것들은
내 것인데 내 것이 아니며
누군가의 것인데 내 것이다.

모든 것이 모두의 것이면서도
모든 것이 모두의 것이 아닌,

정작 내 것은 하나도 없는데
모든 것이 내 것인...

이렇게 나는 세상과 공.유.하는구나.

내가 해야 할 몫은
나를 선택하여
내 손끝에서 나오는 것들에
혼을 불어넣어
귀하게 세상으로 돌려보내는
단지 그것 뿐임을...

내 것이 아닌데도
세상 모든 것들이 자유로이
내게 허락되어 있음에,
이 **무한한 공유의 자비**에
오늘도 내게 머물러준 모든 글들을 감사히 세상으로 돌려 보낸다.

'자만과 탐닉'에 대하여

신관(神官), 신이 내게 벼슬을 허락했다니!

신이 내게 벼슬을 내렸단다.
무엇을 잘했는지 어떤 시험에 통과했는지 그래서 내가 어떤 벼슬에 앉게 되었는지 나는 모른다. 벼슬을 주셨다는 그 자체만으로 그저 감사하고 놀라울 뿐이다. **벼슬 덕에 나는** 신이 차려놓은 성찬을 마음껏 즐기도록 허락받았고 한상 가득 차려진 그것들에 나의 눈과 혀와 손은 분주하다.

신의 성찬은 나만이 아닌, 세상의 모든 벼슬가진 자들을 위한 것이라 약도 독도, 단것도 쓴것도 있겠지만 그 모양새가 너무 먹음직스러워 어리석은 나는 보기 좋은 것에 먼저 젓가락을 댄다. 게다가 부지런한 신은 하루가 멀다하고 성찬의 메뉴까지 바꿔주시니 허기졌던 나의 탐닉은 맛도 효능도 모르면서 먹음직스러운 모양새에 점점 빠져들다가

먹고난 뒤 알았다.

돼지처럼 부른 배는 두 다리를 짓누르고
화려함에 돌아간 눈은 독을 보지 못하고

기깔나는 풍미에 놀아난 혀는 더 강렬한 자극만 원하고
쩝쩝거리느라 바쁜 입은 해야 할 말도 함께 삼키고
눈과 코와 혀가 연신 분주한 통에 귀마저 외로워 무기력하니
이 둔탁해진 몸뚱이의 요란이 정신의 요동을 감지하지 못하는구나를.

눈을 밝히는 것과 눈을 가리는 것,
귀를 열게 할 것과 귀를 닫게 힐 것,
혀를 마비시키는 것과 혀를 해독시키는 것,
정신에 넣어야 할 것과 배에 넣어야 할 것을 분간조차 하지 못하는구나를.

그제서야 깨닫는다.
신이 내게 관(官)을 내리시고
마음껏 먹으라 허락했던 이유를…
기피해야 할 것과 곁에 두어야 할 것을 스스로 알게 하기 위함이었다.

부끄럽다.
당연히 날 위한 성찬인 것 마냥 젓가락질 해댔던 나는
툭하면 튀어나와 정신줄을 끊어버리는
간질병과 같은 자만[1]에 빠져 있었고
자만을 불러온 향미와 향취에 길들여진 탐닉 탓에

나는…
좌천되었다.

---

1 헤라클레이토스 (그리스철학자열전, 디오게네스 라에르티오스, 동서문화사)

신관(神官)은
나의 오감과 정신의 연동을 인지하여
내 입에 독을 넣어 나를 토하게 하고
내 입에 약을 넣어 나를 낫게 하여
내게 있어야 할 것들만 남게 함으로써
지금 내게 가장 적합한, 나의 현주소를 증명해내야 하는 벼슬이었던 것이다.

나의 자리에서 응당 내가 한 것에서만 자유를 누리며 잃은 만큼 취할 것이며 취한 만큼 나눠야 하며 신관의 자격을 매일매일 새롭게 부여받기 위해 오늘 내가 해야 할 역할은 혀와 눈과 손이 제 것으로만 향하게끔 나의 정신을 중심에 붙들어 매는 것이다.

먹성좋은 내가 딱 내 것만을 취할 때
신은 기꺼이 내게 적합한 자리를 내어줄 것이라는 믿음에
오늘도 정신의 줄로
눈과 혀와 손의 자유를 결박한다.

가진 것에 감사를 전하고
가질 것에 대가를 치르고
가지고자 하는 것에 자격을 갖추는…

'갈구와 체념'에 대하여

어떻게 제비가 백조와 겨룰 수 있겠습니까?

* 이 글은 '글'세상에 날 던져놓고 이렇게 무섭고 길고 어려운 길인지 몰라 좌절했던 어떤 시간 속 한탄을 써내려갔음을 고백합니다. 이 지난한 과정을 지나 이제는 시골로까지 저를 옮겨 '글'속에 저를 빠뜨렸습니다.

그토록 큰 어둠에서 그토록 밝은 불빛을 처음으로 들어올려 삶의 기쁨에 빛을 비춰주실 수 있었던 이여. 저는 당신을 따릅니다. (중략) 이제 저는 당신의 깊이 찍힌 자취에 저의 발자국을 눌러 딛습니다. 다투고자 원하여서가 아니라, 오히려 애정으로 인하여, 그대를 본받기를 제가 갈망하므로, 왜냐하면, 어떻게 제비가 백조와 겨룰 수 있겠습니까[1].

신은 나를 알고 있다.
신은 나를 보고 있고
신은 나를 사랑한다.

원망이 스멀스멀 가슴에서 올라올 때쯤
내 눈 앞에 들이미는 글에서 날 향한 신의 시선을 느낀다.

---

1 사물의 본성에 관하여, 루크레티우스, 아카넷

어찌 제비가 백조와 겨루려고, 원망.이라는 것을 품고 있는지...
건방과 오만이 무서울 법도 한데 말이다.

이쯤하면 그만 해도 되지 않냐고.
이 정도면 참을만큼 참지 않았냐고.
여기까지 왔으면 손에 뭔가는 쥐어져야 하지 않냐고.
내 아무리 심보를 곱게 쓰려 해도 자꾸만 원망과 의심이 내 심보를 꼬드기니
건방과 오만이 아직도 무섭지 않나 보다.

이 원망과 의심은 도대체 누가 내게 보낸 것인지.
이 또한 당신이 보낸 것이라면 이유가 있을 터이지만
당신은 날 사랑한다면서 언제까지 이런 시험에 들게 할 것인지
건방과 오만이 여전히 뿌리를 거두지 못해 어리석음이 싹을 돋우나 보다.

루크레티우스[2]가 에피쿠로스[3]를 신격화하여 그에게 굴복하고 그의 근원적인 가르침을 따라 자신을 제비로 격하시켰듯이 나도 그런 존재를 추앙하고 싶은데 누구를 따라야 하는지 여전히 난감하고 막막하고 뿌옇다. '다투고자 원하여서가 아니라'고 표현한 것을 보면, 루크레티우스도 결국, 지치고 원망의 늪에서 허덕대다 화가 머리끝까지 치밀어 올랐던 것 같다. 그러다가 더 지치

---

2 루크레티우스(Titus Lucretius Carus, B.C.99-55): 고대 로마의 시인, 철학자. 그는 무신론과 유물론에 기반한 합리론과 쾌락주의를 추구했으며 이와 같은 그의 사상때문에 5세기 이후 기독교 사회에서 강력한 비난을 받고 그의 일생이 알려지지 않게 된 것이다. 하지만 15세기 르네상스 시대에 지식인들에 의해 재발견되어 후대 많은 사상가들에게 막대한 영향을 미쳤는데 대표적으로는 레오나르도다빈치, 니콜로마키아벨리, 미셸드몽테뉴, 조르다노브루노, 프리드리히 니체, 질 들뢰즈, 세익스피어 등이 있다. (위키백과, 나무위키 참고)

3 에피쿠로스Epicurus, B.C. 341-271): 고대 그리스의 철학자, 에피쿠로스 학파의 창시자, 300여권 저술했지만 그 가운데 몇 권만 전해진다. 그의 철학 목적은 행복하고 평온한 삶을 얻는데 있었다. 그가 말하는 행복하고 평온한 삶은 평정, 평화, 공포로부터의 자유, 무통의 특징이 있다. 그는 쾌락과 고통은 무엇이 좋고 악한지에 대한 척도가 되고, 죽음은 몸과 영혼의 종말이기 때문에 두려워하지 말아야 한다, 신은 인간을 벌주거나 보상하지 않고, 우주는 무한하고 영원하며, 세상의 모든 현상들은 궁극적으로는 빈 공간을 움직이는 원자들의 움직임과 상호작용으로부터 나온다고 가르쳤다. (위키백과, 나무위키 참고)

고 더 허덕대니 스스로를 이치 앞에, 진리 앞에, 그 가르침을 준 에피쿠로스 앞에서 그를 신으로 격상시켜 자신을 굴복시키고 거기 어느 즈음에서 저렇게 처절한 글이 나오지 않았나 싶다.

오죽했으면 저런 글이 나왔을까.
그의 애절한 글이 종이를 뚫고 자음과 모음으로 흩어져
내 심정에 고스란히 스며드니 이 순간 너무 감사한데 너무 괴롭다.

나는 저렇게까지 처절해 봤는가.
결단코 그렇지 않다.
나는 저렇게까지 용기있게 나의 탐구를 주장해 봤는가.
결단코 그렇지 않다.

자신이 쓴 글들이 금압[4]될 것을 분명 예상했을텐데
저리 치열하게 써내려간 힘은 무엇일까?
어쩌면 세상에서 사장될지도 몰랐을텐데
그 치열함과 갈구는 어디서 뿜어져 나온 것일까.
좌절과 용기가 한꺼번에 흘러나오는 그 곳은
어디서 찾았으며 어떻게 머무를 수 있었을까.
도대체 어떤 정신이어야 저리 맹목적일 수 있을까.
도대체 어떤 갈구여야 저리 좌절속에 자신을 머물게 할 수 있을까.
도대체 어떤 책임이 저리 탐구의 끝까지 자신을 몰고 갈 수 있을까.

---

[4] 루크레티우스의 저서는 수백년간 금압되었다가 수많은 희생을 거쳐 책사냥꾼 '포조'에 의해 실사되어 8권만이 몽테뉴를 비롯한 철학자들에 의해 전해져 오고 있다.

도대체 어떠한 무엇이...
그는 있고 나는 없는 것이 바로 그 것일진대
도대체 나의 어디에 그 샘물이 있으며
도대체 나의 무엇이 그 샘물로 날 안내할 것이며
도대체 나의 어느 시간에 그 샘물은 차오를 것인가.

자연이 모든 것을 허락했고 모든 것을 제공한다는데
이 이치가 이제 가슴으로 믿어지는데
그럼에도 불구하고 '왜?'
나의 정신은 어둡고 두려운 것인지.
어린아이가 컴컴한 곳에서 길을 잃었을 때 제일 먼저 '엄마'를 찾듯
나의 정신도 '신'을 갈구한다.

길을 모르니 길을 잃었는지조차 가늠하지 못했던 지난 시간들이 길었는데, 길이 보이는 줄 알았는데 뿌옇기만 한 답답함이 지금 이리도 길어지니, 이는 미로같은 복잡한 길 때문이라고, 이 길에 처음 들어서다 보니 나에게는 너무나 모든 길이 낯설다고 길탓을 해보지만 조금도 마음은 편해지지 않는다. 한발짝 떼기가 두려운 이유는 그 다음을 보지 못하기 때문이라고 말하지만 어떤 누가 그 다음을 보고, 알고 걷는단 말인가. 그렇다면, 아는 곳에서만 뱅뱅 돌며 살면 그만이지 왜 여기까지 와서 한짝발로 오도가도 못하고 서 있단 말인가.

그렇게 내 삶이 하찮은 것인가.
이렇게 내 시간을 허비해도 괜찮단 말인가.

이토록 내가 내 갈 길도 가늠 못할 정도로 아둔하단 말인가.
그러면 신이 나를 이 정도에 머물러도 될 인간으로 세상에 보냈단 말인가.

나는 그리 태어나지 않았다. 나를 이렇게 태어나게 하지도 않았다. 내가 그리 하찮고 보잘것없고 짝발짚은 불편한 거동에 원망과 의심이 가득할시언정 나는 그리 태어나 그리 사라질 인간이 아니어야 한다. 나에게 명령한 것들이 분명 존재할테니 이 명령이 무엇인지는 알아내야 하지 않을까. 지금 아니 어쩌면 영원히 풀 수 없는 숙제일지언정 일단 가면서 생각해야 하지 않을까. **엉거주춤 서서 앞으로도 뒤로도 못 가는 이 꼴같잖은 내가 더 이상 보기에도 위태로운데 언제까지 짝발로 서 있겠다는 말인가.**

내 주변을 돌아본다. 얼마나 많은 것들을 갖추고 사는가. 어느 것 하나 모자라지 않은 각종 기구들을 다 모셔놓고 걸어놓고 장식하고 쟁여놓고 사는 데, **이 '편함'에 길들여진 나는 왜 짝짝이 신발을 신고 걷는 것처럼 '불편한' 것인가.** 그렇다고 다 갖다 버리고 다시 원점에서 시작할 요량도 없으면서 왜 이리 누리지도 즐기지도 못하게 자신을 닥달하는가. 내 안에 어둠의 자식이 똬리를 틀고 앉아서일까. 밝은 빛보다 적당한 어둠을 더 좋아하는 이유가 이 때문일까. 결코 아닐 것이며 아니어야만 한다. 나는 결코 그리 태어나지 않았고 그리 살아지지 않으며 그리 죽어가지 않으리란 건 내 나를 잘 알기에 하는 소리다. 지금껏 그래왔고 앞으로도 그리 편하게 안주할만큼 내 갈구가 가볍지는 않으니 말이다.

분명 갈구하는 그것이 나를 부르기 때문이다.
갈구하는 그것이 지금의 '편함'보다 더 크기 때문이다.

갈구하는 그 정체가 드러나려 내 시선과 시간에 개입했기 때문이다.
갈구하는 그것이 점점 가까이 내게로 오기 때문이다.
갈구하는 그것이 나여야만 하는 이유가 있기 때문이다.
갈구하는 그것이 나를 통해 무언가를 이루려 하기 때문이다.

물론 내 추측이지만 지독한 원망과 의심이 자신을 가득 채우고 나서야 루크레티우스도 굴복했을 것이다. 그가 갈구하고 추구하는 그것들을 에피쿠로스가 가지고 있고 가진 것을 봤고 본 이상 자신도 갖고 싶고 가져야만 할 것 같으니까. 그리고 자연이 자신의 영혼을 그리로 데려가니까 저리 간절하고 처절하게 스스로를 굴복시킨 것이 아닐까. 갈구를 현실로 만드는 길이 이러하다면 나는 제대로 가고 있다고 해도 괜찮을까. 내가 뭐라고 루크레티우스보다, 에피쿠로스보다, 그 누구보다 덜 치열하고 덜 불편한데 갈구가 현실이 되겠는가.

나 역시 그리 해야 하나 보다.
체념하고...
그래, 체념하고... 갈구하는 그 곳으로 내가 너무나 가고 싶은가 보다.
왜냐하면, 내 안에 원망이, 치졸함이, 비겁함이, 그리고 돌아가고 싶은 욕구가 가득 차오를 때면 **어김없이 내 앞에 '나를 읽어내는' 글들이 등장하니까.**

이는 신이 나를 보고 있다고밖에 달리 설명할 길이 없다.
이는 신이 나를 계산하고 있다고밖에 어찌 표현할 방법이 없다.
이는 신이 나를 시험하여 제대로 쓰려는 의지라 여길 수밖에 없다.
이는 신이 나를 사랑한다는 증표인지라 거부할 수가 없다.

그러니, 신이 나에게 이토록 자신을 증거로써 내미니 나 무릎꿇고 더 큰 사랑을 보내는 수밖에 없다. 왜 이 새벽, 첫 등장한 글이 내 마음을 그대로 들키게 하여 당신의 호통을 무섭게 받아내게 하는지 이로써 나는 또 알게 되었다. 당신은 나를 들여다보며 내가 아는 것보다 더 나를 사랑하고, 사랑하려 한다는 것을.

체념.이란 이런 마음이구나…
들고 있는 한쪽 발을 땅에 디디게 하는 중력이구나.
딛고 있는 뒤쪽 발을 땅에서 밀어올리는 양력이구나.
원망하고 의심하는 못난 심보를 거두게 만드는 손길이구나.
애써 외면하려던 당신의 사랑에 진심어린 순종으로 화답하는 시선이구나.

갈구.란 이렇게 드러나는구나…
캄캄한 어둠 속에서도 선명하게 들키고야만 자아의 의지구나…
보이지도 잡히지도 않던 내 안의 것들이 보이고 만져지게 이끌어 내고야만 내 영혼의 명령이구나…
찰나전 희미했던 내 안의 것이 스스로 태동하여 세상의 빛을 향해 걷게 나를 내려놔야 할 정신의 헌신이구나…

나는 체념했다.
그리고
나는 갈구한다.
나로써 나여야만 하는 나를.

'기적'에 대하여

비약을 보행으로

무용가가 도약한다.
저 높은 공중으로 뛰어오르고 다시 바닥으로 떨어진다.
그리고는 아무렇지 않게...
사뿐히 걷는다.

―

도약이 비약으로...
비약이 보행으로...

무용가는 도약이 거대한 비약으로 이어지도록
까치발로 걷고 뛰고 날고 넘어지고
또 걷고 뛰고 날고 넘어지고
그렇게 수백, 수천번의 도약으로...
드디어 높이 비약한다.

얼마나 아프게 넘어졌는지,
어떻게 발가락이 휘었는지,
어디까지 뛰어올라야 하는지

그저 매번의 도약마다 1cm라도 더 오르길 꿈꾸며
그렇게 위로위로, 더 높이높이
그렇게 흔들흔들 바닥을 뒹굴었다.

그러다가 어느 순간.
매번의 도약이 비약이 되고
비약에도 넘어지지 않는다.
그냥 뛰고 그냥 사뿐히...
흔들림없는 착지.
그리고 보행...

도약은 비약이 되고
비약은 보행이 되는...
이것이 기적이다.

유한한 현실을 너머
무한한 가능성으로 가는...
보행이 연속이 되는...
이것이 기적이다.

성전에 무릎꿇고 간절히 바란다는 것은,
자신의 보편성을 넘어서기 위해 체념해야 할 순간에 서 있다는 증거다.
평범한 도약을 거부하고 꿈꾸던 비약을 이루겠다는,
거대한 비약일지라도 그저 보편적 보행에 불과하도록 해내겠다는.
무한 앞에서 유한의 현실을 단념해야 하는 지점에 자신을 세운 의지이다.

도약이 비약으로...
비약이 보행으로...

이것이 바로
기적이다.

'사치와 구속'에 대하여

나는 사치스럽게 살고 싶다.

지금 간절한 2가지.

첫째, 시간을 없애버리고 싶다. 오늘이 무슨 요일인지 지금이 몇시인지, 너무나 익숙한, 지극히 당연한 것으로부터 해방되고 싶다. 이제 잘 시간, 이제 먹을 시간, 이제 나갈 시간, 이제 일할 시간 등등 모든 시간을 인생에서 제거해 버리고 싶다.

지금이 어떤 절기인지 그냥 몸이 느끼는대로,
지금 보여지고 만져지는, 그냥 자연이 주는대로,
지금 아는 것도 잊고 모른다는 사실조차 모른채
그냥 세상이 알려주는대로,
그렇게..

둘째, 자연이 날 구속해주길 바란다. 자연에게 구속당하고 싶다. 6개월? 좀 짧을까? 1년? 견딜 수 있을까? 지나보니 아무 것도 아닌 1년여 시간, 날 강제로 자연에 묶어두어, 세상이 날 데려가는 그 곳으로 의지없이 그냥 따라

가고 싶은,

말하자면, 자연이
눈뜰 때 나도 눈뜨고
시들 때 나도 시들고
아플 때 나도 아프고
기쁠 때 나도 기쁘게

당연하던 모든 것을 외면하고
오로지 자연에게만 구속되는 삶.

날 가둬 오히려 자유를 내게 부여하는, 몽테뉴처럼, 릴케처럼, 소로우처럼 그렇게 한 시절 보내고 싶은 **지성의 사치**를 원한다. 산도, 강도, 하늘도, 땅도, 심지어 잡초까지 오로지 내 것으로 독차지하는 **자연의 사치**를 원한다. 한계없이 읽고 쓰고 먹고 가고 오는, 제약없이 맘대로 갖다 써도 되는 **시간의 사치**를 원한다. 누구라도 내 정신과 감정의 즙까지 써버리고 원망남긴 채 떠나도 내 마음에 동요없는 **감정의 사치**를 원한다. 이러한 감정의 고요에 힘입어 어떤 애를 쓰지 않아도 되도록 반듯반듯 주름이 깊이 패인 **정신의 사치**를 원한다.

감.히. 원한다.

3시간 읽고 3시간 쓰고 2시간 걷고
또, 3시간 읽고 3시간 쓰고 2시간 걷고....

사이사이 배고프면 먹고 마려우면 싸고 가려우면 긁고 졸리면 자고
만나면 대화하고 안(못)만나면 침묵하고

내게로 오는 이 감사하게
내게서 가는 이 미련없게

엄청난 '철학적 배신'을 당할 수도 있겠지.
엄청난 '지성'의 난관에 부딪히겠지.
엄청난 '후회'속에 살게도 되겠지.
엄청난 '질타와 원망'에 가슴 아프겠지.
엄청난 '거리'로 세상과 멀어지겠지.
엄청난 '속도'로 능력이 소진되겠지.
엄청난 '버텨내야 할 시간'에 빠지겠지.
더 이상 고갈될 것조차 없는 나와 이내 직면하겠지.

내 절친 소로우가 한탄했듯이 나 역시 서툰 항해사니까...
항구없는 해안가에서 멀어졌다 가까워졌다 방황하거나 글로 작은 모래톱이나 들락거릴 뿐[1]이겠지. 그렇다고 방향을 돌려 자연의 조류가 멈춰버린 '학문'이라는 드라이독[2]으로 들어가 내가 부여받은 사상의 고유성을 수리시킬 필요는 없지 않을까? 언제 어디선가 드러날 지 모르는 나만의 모래톱을 내 미래에서 지워버릴 필요는 없지 않을까? 내게 이 2가지의 사치가 허락된다면 하나의 생각으로 정박해 있는 나의 사상이 바다에서 독립된 하나의 호수

---

[1] 헨리데이빗소로우, 월든, 2017, 열림원
[2] 드라이독 : 건선거(乾船渠), 선박의 건조, 유지보수, 수리 등에 필수적으로 사용된다.

로 생성되지 않을까? 그렇게, 소금물이 민물이 되고 민물이 맛 좋은 담천수가 되거나 모두가 귀하게 여기는 광천수가 되지 않을까?

이런 이유로 나는 원한다.
내 삶이 나와 시간, 나와 타자, 나와 나 외의 모든 것들의 즙까지 다 짜내길...
이를 위해 자연속에 나를 들이밀어
묵은 허물 벗겨내고
고인 감정 씻어내고
닫힌 정신 열어젖혀
오로지 자연이 내게 부여한 본성으로 살 수 있게
어렵게 내게 자극주는 영혼 맑게 세정하게
온몸을, 일상을, 일생을....
맡겨보고 싶다.

시간을 없애 무한의 사치를,
보편을 벗어 독창의 사치를,
일상을 버려 하루의 사치를,
구속을 통해 자유의 사치를,

나를 버리고 나로써 사는 자아의 사치를 누리는,
나는 사치스런 여자이고 싶다.

 # 이 간절함으로 필자는 이 글을 출간하는 현재,
시골로 이사, 이 모든 사치를 누리는 중이다. (2025.10. 어느날)

'운'에 대하여

놀이터를 가졌으니 어찌 운좋다 아니할까!

데카르트가 '나에게는 운이 많이 따랐다고 감히 말할 수 있다.(중략) 평범한 내 정신과 얼마 남지 않은 내 생애가 허락하는 최고의 정점에까지 조금씩 내 인식이 도달할 수 있을 것으로 보였다.'[1]라고 했는데 나도 데카르트만큼 운이 좋다고 말하련다.

나 역시 지극히 평범한 내 정신이 내 생애의 적절한 때를 제대로 만났다. 아이들은 자기다운 삶을 향해 내 곁을 떠났고 젊은 성인시기엔 삶의 난해함을 경험으로 쌓았으며, 남은 인생 무엇으로 날 갈고 닦을 것인가를 고민해야 하는 어중간한 성인시기를 사는 지금은 새로운 탐구로 하루가 모자랄 정도로 바쁘니까 말이다. 나의 탐구에 세속적으로 어떤 보상도 약속된 바 없지만 내 안에는 엄청난 보상이 따를 것이라 믿는 한구석이 마련되었고 나는 나의 인식의 정점을 향해, 과거보다 더 치열한 시간을 보내고 있다.

평범하기 그지없는 내 정신이 내 생의 골수를 뽑아내어
남기고픈 무언가를 찾았다는 것은 지독하게 운이 좋다고밖에

---

1 방법서설, 데카르트, 문예

설명할 길이 없다.

내 능력을 믿고 그것이 주는 보상에 만족하며 젊은 성인시절을 보냈다면 이제는 '안다'는 자만보다 '모르면 안될 걸', '나는 모른다'는 의도적 자기불신이 더 크고 철학자들의 시선을 제대로 탐독하기 시작하면서부터는 그 중 무엇도 날 괴롭히거나 부당하다거나 불만족스러운 것이 없었으며 게다가 지금껏 내가 누려온 많은 것들이 앞으로 갈 길에 어떻게 연결될 지도 예측되는 바 이 정도에서 나는 만족하지 않으면 탐욕스럽다할 정도의 수위에 도달해 있다고 감히 말할 수 있겠다.

지금까지의 것에는 만족을, 지금부터의 것에는 불신을 가지며 하나씩 더 깊게 파고들고자 나는 나를 선택해준 내 인생에게 감사함을 전하니 이 어찌 운좋다 아니할 수 있을까.

보다 구체적으로 기억을 더듬는다면,
작정하고 지독하게 책에 매달리기 -정말 미친듯이, 간절하게, 집착하며- 시작했던 경계는 지금부터 7년전부터다. 갈증이 온몸을 덮쳐 '이렇게 사는 건 사는 게 아닌데.'라는 끝도 없고 답도 없는 한탄으로 보낸 시간들은 나를 책으로 인계했고 책은 지금 여기 이 자리로 나를 인계했다. 지금 내가 무언가를 크게 깨닫거나 내놓을만한 작업을 해놓은 것은 없지만 나의 행로가 상당히 방향을 틀었고 이 길이 조금은 내 맘에 드니 '이렇게 사는 건 사는 게 아닌데'라던 과거의 답없는 한탄은 '이렇게 사는 게 사는 거지'로 전이됐다고 하겠다.

나는 치열했던 책과의 시간들을 통해 **만물의 이치에는 양극이 존재하며 이 대립된 것들이 서로 연결되어 있기에 극과 극을 맞물려 사고하는 원리**를 정신에 심었다. 한마디로 '이분법을 탈피한 사고'라고 할까? 이러한 사고는 삶의 **부분에서 벌어지는 수많은 사태들을 연역하고 추론할 수 있는 사고의 질서**를 잡아주었고 이는 모든 것을 문제가 아닌, **해결에서 바라볼 수 있는 시야를 확보**해줬다.

가령, 나의 아주 미세한 미각의 변화가 내 꿈과 어떻게 연결되는지, 나의 독서가 먼 나라 시골노인의 삶과 어찌 상호의존되는지, 왜 세계의 물이 다 바다로 향하는데 바다는 넘치지 않는지, 왜 끊임없는 전쟁과 질병에도 인간은 멸종되지 않는지와 같은 말도 안 되는 상상까지도 연역, 연쇄하여 논리적 추론으로 몇시간이고 설명이 되어진다. 이렇게 즐거운 **근원에 대한 탐구는 나를 점점 더 나만의 사유활동에 빠지게 하니** 얼마나 억세게 운이 좋은 인생인가!

여하튼, 속된 말로 '또라이'같은 상상과 탐구의 현주소는 체계적이고, 치열했던, 반복된 시간투자, 집중을 통해 껍데기를 벗겨내는 사유활동으로 획득한 보물이며 이렇게 확보된 시야는 단지 넓고 멀게만 보는 것이 아니라 끝을 알 수 없는 깊이의 탐구로 이어져 나는 매일 매순간 궁금해하는 나의 정신을 진정시키기 위해 더 깊이 숨겨진 사고의 양식을 채워주느라 다른 어떤 것에도 시간을 둘 여유가 없게 되었다.

넓고 멀리 보면 더 깊고 날카롭게 파고들 수 있는 이치에 따라 나는 넓게도, 깊게도 나의 인식을 확장시킬 수 있는 나만의 요령을 갖게 되었다. 물론, 이와 같은 자화자찬이 경망스럽고 자만스럽기도 해 가끔 나의 의식의 출싹맞음을 나무라기도 하지만 그래도 이러한 만족이 세속적 보상없는 이 길을 가게 하는 동력이 되기에 나는 이 촐싹맞음을 때때로 반기는 편이다.

내가 운이 좋은 사람이라며 책에 집중하여 나의 인식을 깨고 의식의 크기를 키우고 있다는 발설은 누군가도 그리 해야 한다고 훈수를 두거나 나저럼 하면 인생이 재미있어 진다는 모방심리를 부추기는 짓을 하고자 함이 아니다. 내 누누이 언급했던 바대로, 나는 '각자가 자기 인생에 책임지는 '이기'가 가장 이타'적인 것이며 '교육은 보여주는 것이지 가르치는 것이 아니'라는 그 본질을 따르는 중임을 보여줄 뿐이다.

나는 나의 삶의 방식으로 남은 생애를 살아갈 것을 만났기에 운이 좋은 것이며 이를 혼자 가슴에 품지 않고 글로 발설하는 것이 누군가에겐 득이 될 수도 해가 될 수도 있겠지만 그저 중년을 걸으며 자신을 탐구하는 자의 삶의 일면을 본다는 것에 만족하며 이 글을 읽어주길 바란다. 혹여 더 바란다면 **누군가도 삶의 방향을 잃었을 때 가슴을 울리는 그것을 따르라 말하고 싶다. 그러면 엄청난 쾌락과 만날 것**이라는 심정도 보탠다.

내가 겪은 바로는,
'이렇게 살면 되겠지'하며 삶에 안주했을 때엔
'사는 게 사는 게 아니네'로 삶이 불안했었고
'어떻게 살아야 하지?'라는 물음이 나의 표피까지 올라왔을 때는
책을 통해 '이게 사는 것이구나'를 느꼈다.
아는 줄 알았을 때는 오히려 불안했고
모른다를 인정했을 때 오히려 해답이 내게 등장했던 것이다.

지금에서야 느끼는 것이지만, 능력주의 세상에서 능력을 믿고 살았던, 흔한 말로 잘 나가던 시절을 지나 능력이 소실되는 과정에서 **나를 지탱해줄 근본이 부실했기에** 사는 게 사는 것 같지 않은 느낌에 그저 삶을 연명하고 있었구나를 알게 됐다. 그리고 능력이 아닌, 근본을 서서히 채워가는 '배움의 희열과 지식의 틈새가 메꿔지는' 과정에서 안정감을 느끼게 되었다.

물론, 남들이 외면하거나 어렵다 치부한 책들을 찾아 읽어나가는 과정이 간절함을 비웃듯이 내 능력에 버거웠던 것이 사실이며 그 어떤 책을 읽어도 이해되고 채워진다는 느낌보다 '난 왜 이런 것도 모르고 살았지?'라는 나 스스로에 대한 불신이 더 컸던 것도 사실이다.

하지만 이 불신은 겸손으로 승격되었다.
인간이기에 능력만으로는 결코 도달할 수도, 채워질 수도 없는 근본적 부실을 메우자는 겸손.

'나는 모른다, 고로 나는 배워야만 산다'를 붙잡으니 더욱 더 철학가들의 설파가 듣고 싶어졌고 인생의, 삶의, 나의 본성과 원리를 찾아가는 새벽독서의 시간은 그 어떤 일상의 폭탄에도 지켜내야 하는 하루의 시작이 되었다.

책을 읽을수록 모르는 게 많아지고 강의를 할수록 더 가르치지 말고 보여줘야, 보여져야 한다는 강박이 중독으로 나를 이끌어 이 외의 그 어떤 것에서도 나는 재미를 느끼지 못하게 되었지만 더 큰 재미가 내게 주어졌고 이러한 중독이야말로 내가 살아있음을 느끼게 해주기에 나는 더더욱 나를 중독시키려 한다.

얼마나 다행인가. 나같이 어느 정도 나이들고 아이들 남부럽지 않게 키워놓은, 수많은 여성들이 쇼핑중독, 알콜중독, 성형중독, 우울에 빠져가는 시간에 나는 **나에 대한 탐구에 중독되어 간다**는 것이 운이 좋다고 말하지 않을 수 없다.

하루를 나에게 허락해 '네 맘대로 하고 싶은 거 다해!' 하더라도 나는 아마 매일이 같을 것이다. 실제 매일 안 하던 짓을 시도하고 있는 내게 어느 날 '오늘 하루는 정해진 거 말고 내 맘대로 살아볼까?' 했지만 별달리 할 게 없었다. 가고 싶은 곳도, 갖고 싶은 것도, 하고 싶은 것도, 먹고 싶은 것도 없었다. 밥 좋아하는 나는 밥에 김치면 됐고 집 좋아하는 나는 집순이로 만족스럽고 집 안에 내 책상, 내 책, 내 노트북이 있으니 난 모든 걸 다 가지고 하루 24시간이 모자라 잠까지 줄이며 매일 신나는 놀이에 빠져 산다. **내 집안에 내 놀이터를 갖추고 사는 이 삶**이 어찌 운좋다 아니할 수 있을까.

나는 **'내 인생의 놀이터'**를 만드는 중이다.
인생은 자신만의 놀이터를 만드는 과정이 아닐까?
내가 만들어 내게 가장 큰 재미를 줄 수 있는 나만의 놀이터!

실제 놀이터의 기본은 바닥이다. 그 대상이 아이들이기에 일단 안전이 가장 기본이다. 다치거나 위험한 놀이터에는 제 아무리 재미난 놀이기구나 화려한 유혹이 있어도 아이들을 놀게 하면 안된다. 걸림돌도 안되고 미끄러워도 안된다. 딱딱해서도 안되고 그렇다고 너무 물렁거려 제대로 뛸 수 없게 만들어도 안된다. 너무 면적이 좁아 서로 부딪히게 해서도 안되고 너무 숨을 곳이 많아 찾지 못하게 해서도 안된다.

내 인생의 놀이터도 그래야 한다.

대상은 나. 아무리 위험해도 나를 보호해줄 수 있는 근본적인 바닥이 우선 갖춰져야 한다. 바닥공사가 부실하면 놀이기구를 제대로 즐길 수 없듯이 나도 내 인생을 즐기지 못할 것이다. **내 놀이터의 바닥은 책과 함께 하는 인간과 삶에 대한 철학적 사유활동**이며 다행히 지금까지는 바닥공사가 순탄하게 진행되는 듯하다.

기초가 잘 되면 나머지는 선택이다. 경제와 공간의 규모에 맞게 미끄럼틀이나 시소, 그네, 정글짐 등 맘에 드는 걸 비치시키면 된다. 이쯤 만들어 놓으면 동네 아이들이 놀이터를 찾을 것이고 놀다 맘에 들면 다른 동네 아이들까지 데려오겠지. 내 인생의 놀이터도 마찬가지다. 바닥공사가 제대로 마무리되면 글로, 말로, 또 다른 무언가로 놀이기구들을 세팅하면 되겠지. 이왕이면 튼튼하고 재미나고 특별한 걸로 말이다.

세상은 에너지로 교신한다.
그러니,
내가 내 놀이터를 만들어
너무너무 재미나게 놀면 무조건 사람들이 놀러 오겠지.
그들이 더 재미나게 놀면 친구도 데려올 것이고
그렇게 그렇게 전파되겠지.
함께 더 신나게 놀게 되니 나의 재미는 더욱 커지겠지.
그러다가,
어느 시점에 이르면
분명 나에게만 탁월한 재미를 주는 놀이기구를 알게 되거나,

나만의 특별한 놀이 비법이 창조되겠지.
그래서,
그 탁월한 놀이가
남과 차원이 다른 경지로 날 안내하겠지.
그러면 나는 더 리얼하게 설명해줄 수 있겠지.
내 놀이터에 놀러 오는 많은 이들에게…

그렇다면,
내가 만든 놀이터는
나의 자유와 행복과 평안은 물론이고
나와 함께 하는 이들에게도 그것이 전염되겠지.

나를 위해 시작했지만
모두를 위한 것이라 해도 무방하겠지.
결국, 그토록 원하던 나만의 삶, 나만의 인생이
나의 서사로 창조되었음을 알게 되겠지.

살아왔던 방식과 알고 지낸 이들과 알아왔던 모든 것에 의도적 단절을 외치고 스스로 고립을 택해 나의 성장에 할애할 시간을 확보한 것은 내가 한 결정 가운데 참으로 잘한 선택이었다. **즐겁고 행복한 인생에는 많은 사람이 아니라 뜻이 맞는 몇몇과 신나게, 안전하게, 의미있게 노는 것이 중요하니까.** 나역시 그러한 관계들을 만들고 싶고 그러려면 내 정신이 담긴 내 놀이터가 만들어져야 하고 이 놀이터가 누구나에게 개방되어 있으니 그들이 스스로 놀이터를 찾아 등장하겠지.

케인즈가 러셀, 버지니아 울프와 에머슨이 소로우와, 몽테뉴가 라보에시와, 릴케가 로댕과 애덤스미스가 흄과 작은 만남에서 소중한 인연으로 깊어졌 듯이 나의 놀이터를 찾아 나와 함께 놀아줄 그들에게 나는 진리의 바다에서 건져 올린 한 바가지의 물만이라도 퍼내는 즐거움을 함께 하며 그리 평안하게 놀면 되겠지.

이제 바닥공사중이지만 나는 벌써 중독되었고 완공이 언제인지 내 정하지 못하지만 때가 되어 함께 노는 상상만으로도 매일 매순간 행복하다. 꿈이 있다는 것은 이리 나를 살아있게 한다! 바닥이 안전하게 마무리되면 그 때부턴 일사천리로 움직일 수 있다. **앞으로 50년 이상을 놀아야 할 놀이터이기에 허술해서도 소홀해서도 안된다. 내 죽어서도 이 놀이터에는 수많은 이들이 드나들며 인생의 재미를 맛보길 바라는 맘도 크기에 속도보다는 무조건 방향이다.**

지금, 에피쿠로스가 죽기 전 정원을 남기며 유언[2]한 말들이 떠오른다.
나도 그리 하고 싶다. 닮고 싶다.

아마 앞으로 더 지독한 시간이 되지 않을까 싶다. 읽는 책들의 두께는 점점 더 두꺼워지고 난이도도 갈수록 높아지며 책을 구하기도 쉽지 않아 시간을 많이 써야겠지만 그래도 괜찮다. 대한민국에서 공부한 사람치고 '기초부터 심화까지'의 중요성을 모르는 이는 없으니 괜찮다. 단 하나 차이가 있다면 심화까지 가는 길에 해설집과 문제집, 가르쳐주는 학원없이 나 스스로 해야 한다는 것인데 어쩔 수 없지, 난 어른이니까 괜찮다.

---

2 그리스철학자열전, 디오게네스, 동서문화사. p.664-666 참고

물론, 집중적으로 탐구한 시간이라고 해봤자 고작 7년여, 나는 이제 비로소 탐구의 초입에 서 있다고 할 수 있다. 나는 아직도 역사나 문학, 종교에는 취약하며 과학을 이해하는 수준도 허약하다. 그래서, 이 것들을 탐구하느라 모든 시간을 투자하다가는 혹 허상이나 지적허영에 빠질지도 몰라 **한권한권 읽을 때마다 나는 나의 실상에 대입하는 것**에, 말하자면, 나의 과거를 연역하여 그 때 몰랐던 연유를 찾는 것에 더 철저했고 이를 통해 예측하는 힘, 통찰이나 예지력, 직관을 키워 미래를 대비하고 있는 중이다. 이 과정을 지금처럼 충실하게 지속적으로 반복한다면 내 앞에 당당하게 서 있는 근사한 나와 조우할 것이다.

이쪽에서 괴테를 만나고 저쪽에서 루크레티우스를 영접하며 한쪽에서 블레이크를 음미하고 다른 한쪽에서 네빌고다드를 실천하기까지,

이 기묘한 나의 정신은
소크라테스가 월레스와틀스에 담겨 있고,
귀곡자와 마르쿠스아우렐리우스가 연결되고,
정연보와 데이빗소로우가 같은 말을 하며,
몽테뉴와 신영복이 공통된 언어를 사용하고,
에머슨과 짐로저스가 같은 뿌리에서 줄기를 이루고,
올더스헉슬리가 앨빈토플러를 뒷받침해주는,

전혀 어울릴 것 같지 않은 연결로 퓨전을 탄생시키는, 말 그대로 이치가 연쇄적으로 정리되는 쾌감을 맛보게 한다. 가히 그 어떤 미각으로도 잡아낼 수 없는 지적식욕의 충족감. 지금껏 겪어보지 못한 최고의, 그리고 최선의 쾌락

이다. 이는 **다양한 분야의 죽은 자들과 함께 한 새벽시간이 쌓이고 쌓여 얻은 거대하고 풍성한 수확**이라 아니할 수 없다.

나는 **나를 스스로 고쳐낼 수 있는 힘**을 수확하고 있는 것이다. 원리를 실천할 수 있는 지적사유는 인생을, 삶을, 일상을 살지만 가끔 버벅대는 삶의 길에서 고장나는, 부실해진, 낡은 나의 길을 스스로 재건시킬 힘이다. 이 얼마나 대단한 수확인가.

또, **나를 스스로 정리할 수 있는 힘**을 수확하고 있는 것이다. '변화만이 영속된다'는 말은 진리다. 따라서, 변화를 위해서는 일부러라도 혼란스러워야 하며 혼란은 질서를 잡기 위해 정리를 요구한다. 정리가 안되면 항상 혼란한 채로 있거나 또는 그게 겁나 변화를 거부하게 되는데. 그렇다면 나는 과거에 갇힌 꼴을 면하지 못할 것이다. 목숨만을 연명하며 숫자만 늘여가는 그런 삶은 원하지 않는다. 그러니, 스스로 정리해낼 수 있는 힘이란 얼마나 대단한 수확인가.

그리고 **나를 스스로 검열할 수 있는 힘**을 수확하고 있는 것이다. 정리를 했는데 더 엉망이 되면 안하니만 못할 것이고 심지어 정리가 필요하다는 것조차 인식하지 못하는 중년이 대부분인데 정리 전후에 검열의 정신이 있다는 것은 지금껏 제대로 숫자를 채워왔다는 검증이며 앞으로도 숫자에 걸맞는 인생을 예견할 수 있으니 얼마나 대단한 수확인가.

이렇게 남은 세월, 스스로를 세정시키고 고쳐가며 검열을 통해 정리할 수 있는 힘은 안전하면서도 제값하면서 삶을 살도록 **나를 스스로 안내해내는 힘**

이다. 아울러 이러한 나의 삶이 나의 자녀를 비롯한 나와 함께 내 인생에 머물던 누군가에게도 영향을 미칠 수 있다면 더욱 바랄 게 없겠다.

이로써,
꿈을 이룬 내가
누군가의 꿈이 되고,
꿈을 향해 살던 내 삶이
나와 같이 꿈꾸는 누군가에게 이유와 동기가 된다면...
이 얼마나 거대한 수확인가.

그저 나 하나 제대로 살아보고자 시작했던 독서가 이렇게 거창한 수확까지...
거대한 열매를 수확할 작은 씨앗 가슴에 심고,
비록 초입일지언정
이미 중독되어 버렸으니
이 어찌 운좋은 인생, 운좋은 삶, 운좋은 나라고 아니할 수 있을까!

'취미'에 대하여

취미? 사는 게 취미지

'무모함'이야말로
나의 독특하고 못말리는 성향가운데 하나다.

책 읽어야겠지?
그럼 새벽 4시에 일어나서 무작정 읽어!
무모했다.
그렇게 7년째 새벽독서중인 나.
처음엔 혼자였고 3년여전 여럿이 되었다.

코칭 가르쳐 달라고?
그럼 제대로 해야지?
제대로 하려면 논문에 협회에, 자격증부터 만들어야겠지?
무모했다.
이미 글로벌 코치자격을 갖춘 나의 이력과
이미 여러차례 논문상을 받은 나의 이론을 보태
3년여전 SSWB-Act코칭을 만들고 논문으로 학회인정을 받고 '한국독서글

쓰기코칭협회'를 만들었으며 자격 양성코스를 만들었다.
이 작가의 책이 더 읽고 싶어!
근데 번역이 안 됐어?
그럼 해야지!
무모했다.
그렇게 나는 매일 2시간씩 투자, 1년간 내 인생에 감히 생각지도 못하는 번역을 2권이나 했고 출간도 할 예정이다.

나의 무모함은 상상을 초월한다고들 하지만
이런 **나의 무모함은 지극히 단순함에서 온다.**

없어? 그럼 있게 하면 되지.
못해? 그럼 해봐야 아니 하면 되지.
안해? 그럼 다른 거 하면 되지.
힘들어? 그럼 두번 말고 한번만 더 하면 되지.
어려워? 그럼 어려운대로 하면 되지.
두려워? 그럼 더 두려워지기 전에 하면 되지.
지겨워? 그럼 더 지겹기 전에 끝내면 되지.
하기싫어? 그럼 하고 싶을 때까지 하면 되지.
꼴같잖아? 그럼 꼴값을 높이면 되지.
돈이안돼? 그럼 돈이 되게 하면 되지.
의미없어? 그럼 의미를 넣으면 되지.
뭐, 이런 식이다.

나의 무모함은 이제 모두 인정한, **내가 '무뇌아'이기 때문**에 가능하다. 나는 생각을 하지 않는다. 생각이란 녀석의 정체를 알아버렸기 때문이다. 내부에서 나오는 녀석들은 과거와 부정의 속성을 지닌 채 나를 한계에 머무르게 종용하고 외부에서 오는 녀석들은 꼬리에 꼬리를 물고는 나를 이상한 세계로 자꾸만 끌고 다니니 '생각'은 안 하는 걸로, 그렇게 결정을 내리고부터 나는 '무뇌아'임을 자처한다. 생각하지 않고 의식(Consciousness)의 문을 열어놓고 사는 중이다.

의식의 문을 열고 산다는 것은 이런 것이다. **인식은 지금까지의 경험적 기억으로 무장되어 고정관념과 편견, 선입견이 싹트는 고인 정신이고 의식은 내 속에 없지만 세상을 돌아다니는 나의 영혼이 나와 소통하기 위해 새로운, 초월된 지식으로 등장한 정신이다.** 그래서 무엇을 가져올지 어떻게 내 것을 빼내갈지 나는 모른다. 미지의 세계에서 나에게 보내는 신호를 감히 인식이 차단, 판단하는 오지랖은 버렸으며 그렇게 자유롭게 나의 영혼이 나와 우주사이를 왕래하게 길을 열었다는 의미다. 그 곳으로 영혼이 자주 드나들어야만 내게 Meta-Knowledge라고 불리는 창조, 창의, 직관, 통찰, 예지 등의 능력이 배양되니까.

나의 의식은 이렇게
단순함과 무지함에 뿌리를 두고
무모함을 잉태시킨다.

무모함은 시도(試圖)의 겁을 없앤다.
시(詩, 시험 시)와 도(圖, 그림 도).

무모함은 못 그리는, 어찌 그려야 할지 방법도 모르고 경험도 없는 그림을 그리도록 내게서 겁을 없애준다. 두려움도 있을 리 없다. 왜? 안해 본 것이니 아무 감정이 없다. 그저 설레어서 신이 날 뿐이다. 그래서 새로운 '시도'는 도레미파솔라시도. 의 '시도', 고음밖에 없다. 높은 에너지로 그냥 한걸음 내딛는 것이다.

주구장창 책상 앞에만 앉아 있는 내게 누군가는 취미도 없냐고 묻는다.
"취미? 재미를 느끼면 취미인거지? 그런 의미라면 너무너무 많지. 나는 뭐든지 의미를 주면 다 재미를 느껴. 그러니 나는 사는 것 자체가 내 취미야." 또 엉뚱한 소리나 한다고 살짝 내게 눈을 흘기지만 틀린 말이 아니지 않은가?

의미를 부여하면 감미가 더해지고
감미가 더해지면 음미가 짙어지며
음미가 짙어지면 재미가 느껴지고
재미가 느껴지면
그것이
취미인 것을...

그러니
사는 것이 취미지...

'무기력'에 대하여
에너지를 채우고 높이는 단순한 원리

에너지가 없어요…
무기력해요…
참으로 많이 듣는 말이다.

이보다 더 많이 듣는 말이 또 있다.
'교수님은 항상 에너지가 좋으세요! 어떻게?'이다.

원리를 알면 에너지를 쓰고 채우는 과정은 단순하다.

사람에게서 사람이 나온다
말에게서 말이 나온다
사과씨에서 사과가 나온다
모든 만물은 자기와 같은 것을 낳는다.

에너지도 에너지를 낳는다.

에너지가 없다?

없으면 낳지 못한다.

하지만 방법은 있다.

2가지다.

첫째, 새가 똥을 싸주기를 바라는 것이다.

말라 비틀어져서 뿌리째 썩었더라도

혹시 모른다.

새가 열매를 먹고 응아를 해주면 그 속의 씨앗이 들어있을지도.

에너지가 없다면 밖에서 구하라.

에너지가 있는 사람 옆에 딱 붙어서 뿌려주는 에너지의 씨앗을 받아라.

그러면,

사막같은 나일지라도 내 안에 존재하는 토양이 숨을 쉬게 될 것이다.

태초부터 존재했던 흙은, 인간의 본성은 결코 죽지 않기 때문이다.

그렇게 외부로부터 그 씨앗을 감사히... 품고 잉태시키면 된다.

둘째, 에너지가 없다.는 것을 안다는 것은 '있다.'는 것도 안다는 것이다.

있는 것을 아니까 없는 것을 아는 것이다. 있었다. 분명 있었던 적이 있었다.

그러니, **있었던 기억과 감각을 떠올려 그 때의 느낌을 온몸으로 느껴라.**

그러면, 에너지의 씨앗은 자체에 함유된 자기발아력으로 소생한다.

유형의 것이 유형에서,

무형의 것은 무형에서 잉태된다.

무형의 에너지는 상상과 기억, 느낌으로 잉태된다.

기억하라.
사막에서도 꽃은 핀다.
더욱 강인한 꽃이 핀다.

보라.
태양은 멈추지 않는다.
공기도 존재한다.
바람도, 비도, 구름도, 산도, 강도, 모두 존.재.한다.
나도. 존재한다.
모든 존재는 에너지를 발산하며 교류한다.
나도 그렇다.

그러니
존재하는 모든 것들에게 시선을 돌리고
에너지를 구하고 받아라.
하나의 씨앗으로는 불안하니 여러 개의 씨앗을 얻어라.
에너지가 넘치는 무리 속으로 들어가 한 번에 여러 개를 얻어
여러 씨앗을 잉태하고
여러 발아를 동시에 해보라.
그리고 잉태한 씨앗을
그저 말 한마디, 글 한 줄로 세상에 내놓아라.
내놓는 것이 에너지를 교류하는 것이다.

내놓아 비어낸 공간만큼 다른 에너지가 흡입된다.

교류의 연속.
내놓고 받고 내놓고 받고.
그러면서 계속 더 씨앗을 심고 심고 또 심고
그러면 분명 싹은 난다.

믿거나 말거나 태양이, 달과 별이, 예수, 부처, 공자, 소크라테스 모든 존재들이 발아를 도울 것이다. 나는 항상 이들의 도움으로 **에너지주파수를 8에 맞춘다.** 10점 만점에 8이다. 조금 에너지가 떨어진다 싶으면 하늘을 보거나 기도를 하거나 책을 펼친다. 이러한 잠깐의 '구함'은 오감, 육감으로 내게 진입을 시도, 에너지 뱀파이어에게 무시나 무관심할 힘을 준다.

없으면 찾지 말고 구하라.
있으면 무리 속에서 키워라.

에너지는 에너지를 낳는다.

자, 에너지를 찾았고 잡았으면 이렇게 해보자.
바닥을 세게 친 공이 높이 솟아 오르듯이
이 원리로,
에너지가 높든 낮든 하루에 쓸 수 있는 모든 에너지를 다 써라.
바닥까지.
남김없이.

하루의 골수까지 뽑아내고
내 몸의 즙까지 짜내어 몽땅 써내는 것이다.
그렇게 '0'으로 하루를 끝내는 것이다.

즙까지 짜낸 빈 공간은 결코 덩그러니 진공상태로 머물지 않는다. 완전히 비워내고 새로운 싹이 그 공간을 모두 채우록 하루를 0까지 써보라. 그렇게 싹 비워낸 후 바닥부터 다시 채우는 것이다. 이런 과정이 반복되면 결코 에너지 없다는 말은 나오지 않는다. 바닥까지 쓰고 **바닥에서부터 채우는 훈련**은 에너지가 낮을 때 높일 수 있고 에너지가 없다 싶을 때 가져다 쓸 수 있고 에너지가 높을 때에도 적당하게 조절할 수 있는 능력으로 키워진다.

불씨가 꺼졌을 때 스스로 지필 수 있는 훈련
불길이 약할 때 높일 수 있는 훈련
불길이 셀 때 낮출 수 있는 훈련
이 훈련 후에야
불길을 은근하게 안정적으로 지속시킬 수 있는 능력이 생긴다.

비우는 에너지
짜내는 에너지
채우는 에너지.

스멀스멀 나약해진 에너지는 비우고 짜내는 반복을 통해 자체발화력으로 키워지고 결국, 채우는 시점에서는 가속이 붙어 엄청난 위력을 지닌다.
그러니

에너지가 없다. 탓말고.
아주 작은 씨앗을 얻.고.
그 크기만큼 내.놓.고.
그 날 하루는 0(바닥)까지 착.즙.하.고.
비우고 짜내는 과정에서 생긴 에너지가
채우는 에너지로 승화하는 것을 느.껴.라.높.여.라.즐.겨.라.나.눠.라.

에너지는 에너지를 낳는다.
에너지를 채우는, 높이는 방법은
에너지를 온전히 쓰는 것으로부터 시작된다.
쓰고 채우고 나누는 과정으로 에너지의 무한성이 자기소유가 된다!

그렇게 자신만의 에너지 세력, 기세(氣勢)를 높여라...
기세는 기운(氣運)을 역동시킨다.
기운은 기력(氣力)을 상승시키고
기력은 기대(期待)를 잉태시키고
기대는 기회(機會)를 발아시킨다!

자, 정리하면,
에너지는 에너지를 낳는다!
에너지가 높은 이들에게서 구하고 채워라!
하루의 주파수를 10점을 기준, 8에 맞추라!
기세를 높이면 기회가 등장한다!

'사소함'에 대하여

'0'을 만드는 삶

새벽독서 토론에서 '결과'에 대해, '사소한 일상'에 대해 대화를 나누며 내 일상을 최대한 객관적으로 점검해봤다. 그러다 오래전 읽었던 책들을 다시 뒤적이고 내가 적었던 글들도 뒤적이고 나의 시간도 뒤적이고 나의 사고도 뒤적이고 계속 며칠째 뒤적뒤적… 나를, 나의 일상과 삶을 뒤적이고 있다.

'인생은 사소한 것들의 최종 손익결산'[1]이라는 소로우의 말에 나는 100% 공감한다. 내가 보고 듣고 느끼고, 특히 경험한 것대로 나의 인식이 채워지고 그것이 판단으로, 행동으로 드러나니 말이다.

행동은 '사고의 운용'에 대한 '실체적 결과'로서 찰나지만 나의 역사를 구성한다. 이 작고 소박하고 사소한 찰나들이 모여 오늘이, 1주일이, 1달이, 1년이, 인생이, 일생이 된다.

내 사고의 발로(發露)는
내 인생의 행로(行路)다.

---

1 소로우의 일기, 헨리데이빗소로우, 도솔

나의 행로는 글과 말, 두 가지가 핵심요소이다.
글은….
말은….
능력이 아니라 나의 인품이고 인격이다.

꽤나 요령으로 되는 것이 아니라는 사실을 나는 경험으로 안다. 매일매일 사소하다 치부할 수 있는, 또는 치부되었던 눈에 비친 사물, 들리는 소리, 말하는 혀, 표정, 눈빛, 그리고 매일매일 투입되는 두어 시간의 독서가 어우러져 내 안에서 켜켜히 쌓이다 얽히다 섞이다 연결되다 퇴화되다 재구성되어 드러나는 것이 나의 말과 글이다.

말과 글은
행동을, 표현을 대변한다.
행위가 겉으로 드러나는 신체의 율동이라면,
말과 글은 행위에 의미까지 담겨 표현된, 입체적 행위라 할 수 있다.

말은 뉘앙스와 눈빛과 같은 '비언어적' 표현이 보태어져
상대에게 '소리'로 전달되며
글은 자신의 정신이 어떻게 질서를 잡아가고 있는지
'사상'이 담겨 '활자'로 전달된다.

즉, 내가 감각으로 전해받는
느낌이 감동으로,
감동이 지성으로,

지성이 이성으로,
이성이 행동으로,
행동은 의미와 연결, 연합되어 말과 글로 표현되는 것이다.

어떻게 보고 듣는지 어디를 가고 누구를 읽는지에 따라 나의 말과 글의 격이 달라지며 이 사소한 한줄한줄의 읽기가 더 사소하다 할 수 있는 나의 글이자 말이 되며 이렇게 구성된 오늘이 나의 인생이, 삶이 된다. 결론적으로, 소로우의 말처럼 인생은 사소한, 소박한, 사사로운, 치부되는, 간과되는 모든 것들이 직선으로 줄지어진 최종손익결산이다.

과연 나의 인생 최종결산은 어떠할까…?
이를 위해 오늘 하루 최종결산을 어찌할까…?

나는 하루를 0으로 만들어 일생도 0으로 이뤄내고 끝내고 싶다.
내가 받을 수 있는 모두를 받고
받은 모든 것을 다 내놓고 가는 삶.

나를 있는 힘껏 최대한 늘여
'무상'으로 제공하는 세상의 모든 '무한'을
'유한'한 삶에서 '유용'하게
모두 다 '사용'하는, 하지만,
이 사용은 소모가 아닌 투자가 되어
딱 나의 크기만큼 세상의 양분으로 남게 되는,

그래서 카론[2]에게
줄 것도, 맡길 것도 없이 강을 건너도 되는,
내 뼈 외에는 아무것도 남겨지지 않게 쓰인,
0이 되는 하루.
0으로 끝맺는 삶...

새벽, 태양마중으로 받은 에너지
책을 읽으며 성현들로부터 받은 지혜
숲향, 바람, 나무의 기운, 자태를 드러낸 꽃들,
생명을 알려주는 매미소리, 폴짝이는 개구리들,
그리고 아무 일 없이 잠에서 깨어난 나, 그리고 가족, 지인들...

무상으로 부여받은 감사함으로 나는 '해야 할 것'을 우선 실천한다.
하고 싶은 말보다 해야 할 말을,
이해시키기보다 이해할 것을,
쓰고 싶은 글보다 써야할 글을,
감정을 기준삼기보다 정신을 기준삼아
투입된 모든 것을 산출하며 오전을 살고
위대한 정오에 당당한 나로 오후를 맞는다.

이 모든 행위에서 '사소'하다고 치부될 것들에 더 날카롭게 시선과 손길을 보낸다. 말 한마디라도 정확하게, 단어 하나라도 적합하게, 표정 하나라도 진실되이 전하고자 하는 정(精)과 성(誠)과 열(熱)이 보태진다면, '사소'한 노력

---

2 카론 : 그리스 신화에 나오는 저승의 뱃사공

이 '쓰이며' 0에 가까워진다고 여긴다.

같은 행위일지라도 '쓰여야' 한다는 마음이 보태지면
'사소'한 행위는 '주요'한,
'가벼운' 행위는 '묵직'한,
'건조'한 행위는 '촉촉'한 행위로 결산된다.

그저 흘러가는 '사소'하고 '가볍고', '건조'했던 행위들이
'주요'하고 '묵직'하고 '촉촉'하게 하나하나의 행위를 이룩한다면,
태양을 바라볼 때 두 눈을 똑바로 뜰 수 있지 않을까?
대지를 밟고 있는 내 두 다리가 당당하지 않을까?
쉼없이 피를 뿜어내는 내 심장이 기어이 자유를 얻지 않을까?

이렇게,
'오늘'을 0이 되는 삶으로 만든다.
무한히 받은 것을 고스란히 사용하는 삶.
숨쉬며 투입된 모든 것이 산출되는 삶.
망설이거나 아끼지 않고 모두 내놓는 삶.

그저
무한하게 얻으며 시작하는 하루를
0까지 쓰이고 끝내는 삶.

그렇게
일생이 0이 되어
한평생 열매가 씨를 품길 돕다가
때가 되면 대지 위에
딱 사기만큼의 앙분으로 스며드는 낙엽처럼.

그렇게 나의 지금도 쓰이고
그렇게 나의 오늘도 0이 되고
그렇게 내 삶은 손익결산이 0이길 바란다.

'자격지심'에 대하여

자격지심, 널 외면하더라도 날 해치지 말아달라.

자격지심, 自激之心
자기가 한 일에 대해 스스로에게 미흡하다 여기는 마음.
50이 넘도록 날 괴롭히는 감정을 숱하게 찾고 찾고 또 찾았는데….
자격지심이었다.

난 박사고 교수고 코치고 나름 괜찮은 스펙에 썩 괜찮은 외모로 품성도 모나지 않은데다 뭔가를 하면 결과를 내고야 마는 목표지향적인 인물이다.
그런데 지금껏 날 괴롭히는 정체가 '자격지심'이다.

이 모순은 도대체?
자격지심이 없으면 잘난 내가 시건방져질까 봐?
자격지심이 없으면 욕구가 탐욕이 될까 봐?
자격지심이 없으면 무능한 내가 그나마 잘하려 애쓰지도 않을까 봐?

습관대로 연역해서 날 바라보니
모든 것은 '비교' 때문이었다.

4남매 가운데 첫째딸도 막내딸도 외아들도 아닌, 아무것도 아닌 둘째 딸인 나는, 어려서부터 물려 입고 얹혀 가고 그냥 신경 쓰이게 하지 않는 존재여야 했고 남편보다 생일이 몇 주 뒤인 나는 남편 생일에 얹혀 생일 초 몇 개 빼고 다시 후~ 불면 그만이었고 선생에 약사에 의사에게 지지 않으려 모자라는 머리 쥐어짜며 여기까지 왔는데

나의 근원에서 꿈틀대는 두려움과 불안의 근원은
'**자격지심**'이었다.

조금 더 잘해야 하고
못지않게 잘해야 하고
지금보다 잘해야 하고
나를 봐주길 바래서 잘해야 했다.

아무에게도 신경쓰이게 하면 안되었고
모두를 신경써주는 포용과 배려까지 갖춰야 했다.

그러니 감량이 모자란 나는 포장, 화장, 분장, 치장이 필요했었나보다.
그렇게 내가 아닌 나로,
인정받기 위한 나로,
더 잘나 보이는 나로,
걱정이라곤 없는 나로,
어디서든 씩씩한 나로,

썩 괜찮아야 하는 나로 나를 만들기 위해 날 다그치며 닥달했고
힘빠진 어깨와 무기력한 내면이 외부로 보이면 큰일나듯 감추고 또 감추고
그러니 내 내면이 고여 부패되고 진짜 나의 자아가 상처입는 줄 살필 눈도 없었다.

온통 외부로 향한 시선으로 인해 날 바라보지 못했던 것이다.
존재감이 외부로 향해 있어 내 안에 내 존재가 없었다.
나는 나를 사랑할 줄 몰랐고
사랑은 커녕 날 가여이 여기지도 못했고
오히려 내가 가장 날 채근하며 날 못살게 굴었던 것이다.

자격지심.
내가 나를 미흡하게 여기는 마음.
이 녀석이 이렇게 강력하게 내 안에 똬리를 틀고 앉아있을 줄이야....
하지만, 잘하고 싶고 잘나지고 싶고 신경쓰이게 하고 싶지 않은 마음의 주체 역시 나다.

자격지심이 없었으면 그냥 저냥 마냥 살았을텐데...
이 녀석 덕에 난 지금 조금 잘난 사람이 되어 가고 있다.
이 녀석 덕에 난 지금 어디론가 향하고 있는 것도 같고
이 녀석 덕에 나는 나를 찾는 여행을 시작했던 것이고
이 녀석 덕에 나는 나를 나답게 살게 하려 치열한 것이며
이 녀석 덕에 내 삶을 좀 더 진지하게 바라볼 힘을 갖고 싶어진 것이다.
탓으로 돌렸던 것에 감사하게 되고

원망이 심겼던 곳에서 의지의 근원을 찾게 되고
후회가 머물렀던 곳이 동력의 원천이었음을 알게 됐으니

자격지심.
이를 없애야 하나 지니고 다녀야 하나....
참으로 난감하다.
내 심장은 가는 실과 같아서 약한 바람에도 마구마구 끊어질 듯 흔들린다.

가는 실들이 흔들려대는 요동에 내 몸 전체가 움찔거렸는데
가는 실을 굵게 하지는 못해도
가는 실을 여러 개 만들 수는 있었다.

책을 읽고 글을 쓰며 가늘고 약하지만 실 하나씩을 보태니 점점 실의 양이 많아져 실뭉치가 되어 버렸다.
굵은 한줄이 아닌 가는 여러줄의 뭉치.
끊어지지 않고 바람에도 흔들리지 않는 뭉치....

자격지심이 날 흔들어댔지만
이제 없앨 수 없는 녀석임을 아는지라
날 흔들어대지 못하도록 나는
정신에, 심장에 몇가닥, 아니 수십, 수백, 수천가닥의 실들을 더 엮어놨다.
책 속의 성현들이 이를 도왔다.
 내 천성은 바꿀 수 없을지 모르나
천성을 다듬고 키워가는 배움에 내가 머무르는 한

미운 나도 내가 보듬을 수 있는...
어제보다 강한 나를 나 스스로 만들 수 있을 것이다.

자격지심.
나의 자아에 상처를 주고
심지어 나를 부실과 부족으로 희석, 소멸시키려고까지 했지만
네 덕에 나는 일어서고 걷고 뛰기도 했으며
언제라도 가동시킬 수 있는 동력의 근원까지 만들었으니

너란 놈... 참....
내 안에 네가 있음을 알았으니
이제 널 외면해 볼텐데 날 해치지 말아달라.
이제 널 들여다 볼테니 날 덮치지 말아달라.
이제 널 보듬어 줄테니 날 이롭게 하라...

'순수'에 대하여
'순수'는 인간이 꽃을 피우는 것이다.

순수하고자 하나
순수하면 살기 어렵다 한다.
순수한 이를 좋아하나
순수한 이가 되려는 의지는 없다.

'순수'라는 단어 참 묘하다.

순수한데 아는 것이 없으면 백치이고
순수한데 많이 알면 바보처럼 살게 되고
순수하고 많이 알지만 성정(性情)이 모나면 그 주변이 힘들어지고
순수한데 아는 것이 없고 모난 성정이면 나서서 사고를 쳐 사단을 낸다.
하지만
많이 알고 선한 성정이라면
아니, 순수하니 많이 알게 되고 선한 성정을 갖게 되니
순수는 그야말로 탁월한 경지로 지혜롭다.

결국,
순수하고자 하나 어렵다고 말하거나
순수한 이는 좋으나 자신은 순수에 대한 의지가 없는 자는
자신이 얼마나 모르는지를 들여다봐야 할 것이고
자신의 성정이 모난 것은 아닌지 살펴야할 일이다.

지혜로운 자는 순수하다.
알지만 모르는 것을 쫓고
옳고 선한 방향으로 자신을, 자기 생을 이끌어
자신을 신에게 흐르게 한다.

순수함은 인간이 꽃을 피우는 것이다. 우리의 천재성, 위대함, 신성함과 같은 것들은 이 순수함의 꽃에서 탄생하는 다양한 열매일 뿐이다. 순수의 수로가 열리면 인간은 그대로 신에게로 흘러간다. 순수함은 우리에게 영감을 주고 불순함은 우리를 나락으로 내던진다[1].

---

1 월든, 헨리데이빗소로우, 열림원

'질투'에 대하여
타인의 고통앞에서만 미소짓는 '질투'

매일 누군가와 대화를 한다. 사람을 잘 만나지 않는 나지만 독서토론과 코칭을 통해, 그리고 나와 수시로 대화한다. 대화가 오가며 감정주파수의 진동이 감지되는 지점은 '자신의 변화'를 얘기할 때 격해지고 행복감으로 충만해진다. 내게서 추천받은 책을 읽고 함께 공감하며 대화가 오고갈 때 역시 내 주파수의 진폭이 큰 것을 보면 대화가 통하는 이들과 삶의 격을 논할 때, 그렇게 살아야겠다는 소망이 솟구치고 야망이 들끓고 희망이 어렴풋이 보이는, 그 순간. 나는 살아있음을 진하게 느낀다.

반면, 내 주파수가 바닥에서 약한 진폭으로 겨우 떨고 있는 지점도 있다. 상대의, 그리고 나의 심정에서 '자만'이 느껴질 때다.

제 아무리 칭찬이나 회유, 미적인 요소를 가미하여 표현했더라도 자만이 느껴지는 순간, 내 맘 깊이에서는 그에 대한 안타까움이 슬슬 고개를 쳐든다. 다짜고짜 남들을 비난, 비방하며 대화를 시작하는 경우도 있고 잘 알지도 못하면서 초면에 내게 조언을 그럴듯하게 늘어 놓는 경우도 있다.

음... 이럴 때 나는 상대에게 미소지으며 경청하는 듯하지만 솔직히 내 안의 내가 어떠한지 난 금세 알아챈다. 상대가 누군가를 비난하는 그 얘기를 들으면서 나 또한 비난하는 상대를 못마땅해하거나 똑같이 비난하고 있다는 것을. 이는 내게서 자만이 출동했음을 의미한다. 잘 들어주고 수용해주고 그럴 수도 있지. 라는 표정 속 내 감정은 남을 속일 수 있을지는 몰라도 나 자신을 속이지는 못한다. '네가 뭘 알아?' 하며 비아냥대기도 하고 '그런가? 저 사람은 어떻게 저리도 신랄하게 말로 다 표현할 수 있지?' 싶어 질투도 난다.

나의 내면이 이성에게 들통나는 순간, 내가 칭찬할 수 있도록, 혹은 비난할 수 있도록 정해진 인간의 삶은 없는데[1]도 불구하고 나의 자만이 고개를 쳐들어 상대를 비난할 태세를 벌써 갖추고 있다. 상대의 자만이 내게 전염된 것인지, 내겐 언제든 고개를 쳐들 자만이 준비되어 있었는지, 아니면 상대의 자만이 나의 자만을 불러 서로 맞짱을 뜨려는지. 여하튼 상대의 자만을 비난하는 내 자만이 시작되는 순간, 나의 에너지 주파수는 바닥을 친다.

아... 아직도 멀었네.
'나는 겉으로 드러나는 삶과 내면의 삶이 일치한다고 믿습니다[2].'라고 당당하게 고백한 소로우처럼 나도 그런 줄 알았는데 이런 자각이 일면 난 여전히 나의 마음가짐과 인격의 곤궁에 속상하고 이런 인격으로 과연 질 높은 글을 쓸 수 있을까에도 의심이 인다. 의심은 믿음이 여러 갈래로 나뉘었다는 의미이고 또 의심은 믿음을 여러 갈래로 나누기도 한다.

---

1 오이디푸스 왕, 소포클래스, 민음사.
2 구도자에게 보낸 편지, 헨리데이빗소로우, 오래된 미래.

의심이 드는 그 지점이 내 믿음의 강도이자
의심이 나눈 갈래가 내 지성의 명도이다.

감정은 내게서 너무나 열일한다. 감정이 내게 오는 목적은 '자각'을 위해서이니 할일 제대로 하고 있음에 감사하면서도 내 이성, 그러니까 정신은 나의 심연속 못난 녀석을 어떻게든 변화시켜내야 할 숙제 앞에 나를 앉힌다.

상대를 비난하려는 못된 심정은 상대보다 내가 부족하다는 사실을 인정하면서도 들키기 싫은, 나아가 상대도 나만큼 못나지기를 바라는 질투에서 비롯된다. 그러니까, 질투는 상대에 대한 부러움에서 시작되겠지만 그 이면을 가만… 히 들여다보면 '나보다 더' 가진, 잘난, 높은 상대를 어떻게 해서라도 나와 비슷하게 끄집어 내려 나와 비슷하게 만들려는 못된 심보에서 출동하는 감정이다. 있는 그대로 박수쳐 주지 못하고 '척'속에 숨어버리는 비겁한 녀석이기도 하다.

결국, 질투는
'나도 할 수 있었는데…' 나에 대한 미련과 나태이며
'네가 감히 날 건드려?' 따지지도 못하면서 슬쩍 감정을 내비치는 비굴이며
'네가 말하지 않아도 이미 다 알거든' 자기과신에 길들여진 자만이다.

뿐만 아니라 자기 스스로를 상대보다 낮게 평가하여 스스로의 못남을 자극해 걱정을 산출하고 걱정을 들킬새라 자기 안의 보석은 외면한 채 더러운 오물들만 잔뜩 정신 속에 넣기로 작정한 못된, 사악한 녀석이다.

그런데 이 녀석이 왜 나를 찾아왔을까?
내 안의 열등감이 자기를 봐달라는 신호를 보낸 걸까?
내 안의 자격지심이 이제는 좀 나아졌냐고 질문하는 것일까?
내 안의 죄책감이 이제 세상에 떳떳해도 되냐고 확인하는 것일까?

질투는 상대로부터 느꼈지만 결국, 내면의 열등감, 죄책감, 자격지심, 미련, 연민, 후회와 같은 감정들이 연합하여 자기를 봐달라고, 자신을 변화시켜 달라고, 이제 이 어둠에서 날 해방시켜 달라고 시위를 벌이는 것이다. 질투가 시발된 그 지점이 나의 지성과 결핍의 현주소다.

이러한 '자각'이 '질투'를 몰고와 날 일깨울 목적이었던 것은 알겠지만 혹여 이러한 해석에 무능하거나 나태하여 자각을 불러오지 못하면, 질투는 분명 자기과시를 위해 허영과 포장과 과대평가로 스스로를 더 비참하게 전락시켰을 것이다. 그렇게 '타인의 고통앞에서만 미소짓는'[3] 추잡한 속성을 드러내 버렸을 것이다.

'제대로 생각할 줄 안다'는 것은 축복이다.
너무나 넘치는 자산이다.
스스로를 스스로에게, 스스로로서 존재케하는 존재감이며
자신의 현위치를 알게 해주는 지표와도 같다.

누군들 누군가를 부러워 시기하고 내가 더 낫길 바라는 마음 없겠는가.

---

3 질투의 신 인비디아 : 인디비아는 햇빛은 커녕 바람한점 불지 않는 어두운 곳에서 살며 늘 창백하고 몸은 형편없이 말라 있고 지독한 사팔뜨기이며 치아는 군데군데 썩어 있고 가슴은 시퍼렇게 멍들어 있는데 이러한 인비디아의 입술에 미소를 감돌게 할 수 있는 것은 오로지 남이 고통받는 광경뿐이다. 또한 인비디아는 잠을 알지 못한채 밤낮으로 걱정에 쫓기다 남의 좋은 꼴을 보면 속이 상해 보는 것만으로도 나날이 야위어간다.(오비디우스, 변신이야기의 내용)

누군들 싫은 말 듣기 싫고 자기 주장하고 싶은 마음 없겠는가.
누군들 못난 모습 들키기 싫고 잘난 면만 내보이고 싶은 마음 왜 없겠는가.

분명 이같은 마음이 드는 것이 죄는 아닐 것이다. 하지만, 이같은 마음을 알아챘음에도 시정, 수정, 정정, 변화시키려는 의지나 행동이 없다면 죄로 이어질 것 또한 분명하다. 인간이 잘못을 저지르지 않고 살 수는 없지만 잘못을 통해 자각하지 않는다면 무지하거나 어리석거나 본성이 사악하거나 자기자신을 학대하는 것이라고밖에 말할 수 없겠다.

나는 나를 임상삼아 내 깊은 내면에 어떤 감정들이 서로 어우러졌는지를 탐색한다. 이러한 탐색과 탐구가 철학적 논의로 이어지길 바란다. '철학적 논의는 자질이 없지 않은 젊은이의 영혼을 만났을 때 뱀보다 더 지독하게 물고 늘어지는 법[4]'이라니 내 영혼이 철학에게 자질을 검증받아 날 외면하지 않도록 나는 더 배워야만 하겠다. 배움이 날 철학으로 이끌 것이니,

그렇게 철학이 뱀보다 더 질기고 지독하게 날 물고 늘어지길 바라니,
그렇게 내 인생이 조금 더 깊고 진지하길 바라니,
그렇게 내 영혼의 순도가 영속적으로 맑아지길 바라니.

아울러
나를 임상삼아 탐구하는 이 과정이
나의 변화를 너머 나와 함께 하는 모든 이에게
이롭기를 바라니...

---

4 소크라테스의 변명, 플라톤, 문예

'외로움'에 대하여

외로움의 두갈래 길

계절의 변화라곤 그저 꽃이 피네, 더워지네, 추워지네 정도외엔 별 감정없이 살아온 나였다. 남들처럼 봄되면 꽃구경가고 가을되면 단풍구경간 경험이 내 인생에 한번도 없었던 것을 보면 난 계절에, 자연에 무디고 둔한 존재였음이 틀림없다.

이랬던 내가 '가을을 느끼고 있다!'

이러한 느낌이 이는 것이 내게는 대단한 변화다. 왜 대단한 변화인지 말하기 위해선 부끄럽지만 내 내면의 빈곤을 고스란히 드러낼 수밖에 없을 듯하다.

참으로 민망하고 어리석게도 난 수년간 공허함과 외로움, 우울을 안고 살았었다. 아침에 눈을 뜨면 '왜 난 이리 건강한거지?' 하며 말도 안 되는 불만으로 시작하여 '빨리 밤이 됐으면 좋겠다.'며 얼른얼른 하루가 가고 빨리빨리 나이들고 싶었다. 그만큼 세상사는 재미도 의미도 갖지 못했던, 인생이 빨리빨리 흐르기만 바라던 시간들이 한참이었다. 집에 아무도 없는 시간엔 혼자 붙박이장속에 들어가 앉아있기도 했다. 그 곳에 있으면 세상이 날 보지도 못하고 나 역시 아무것도 안 봐도 될 것 같아서였다.

키 170인 내 몸무게는 당시 급격히 줄어 40kg으로 뼈만 남긴 적도 있었고 분명 내 눈에는 인파선있는 곳이 불룩 튀어나올 정도로 부어 숨쉬기도 힘들 있는데 병원에서 초음파를 하면 아무 것도 없다하니 노대제 이 아이러니가 뭔지를 풀지 못했던 그 긴 시간들.

이런 민망한 시간을 수년보내고서 그리로부터 또 수년이 흐른 지금.
나는 명쾌해졌다.

왜 '가을을 느끼고 있다'가 대단한 변화냐면,
'사랑받으려고, 인정받으려고, 함께 하려고' 애썼던 내가
'사랑주려고, 인정해주려고, 함께 해주려고' 넘치는 내가 되어 있다는 것을 증명하는 신호이기 때문이다. **내 속에 내가 없어서 무언가로 관심을 줄 수 없는 나였지만 이제 내 속이 나로 채워져 관심을 줄 힘이 생긴 내가 되었다는 증거**이기 때문이다.

'나는 늘 이리도 애쓰고 사는 데 왜 날 인정해주지 않는 것이지? 이것은 날 사랑하지 않는다는 거잖아! 이렇게 가까운 너한테도 사랑받지 못하는데 누가 날 사랑해 주겠어?'하며 자기학대 수준까지 스스로를 몰고 갔던 부끄러운 나였는데 이제는 아니다. 지금의 나는 누군가로부터 관심과 사랑을 원하는 것이 아니라 나 스스로에 대한 인정부터 존중과 사랑이 채워져 누구에게든 관심과 사랑을 줄 힘이 생겼다고 감히 말할 수 있게 되었다.

마라스무스병. '소모되는 병'
어쩌면 나의 증상은 그 병의 긴 앓이와 비슷했을지도 모른다.

신체적인 영양결핍으로 나타나는 질병이지만 정신과에서는 **'매일 사랑을 고백하라'**고 처방한다고 한다. 정신의 영양결핍으로 인한 신체적 질병으로 진단하는 것이다. 사랑을 원하기만 하니까 내 안에서 샘솟아야 할 사랑이 점점 소모, 소진, 소실되는, 그렇게 신체의 결핍으로 이어지게 만드는 병. 그러니까 자기 안의 사랑이 다시 기능하게 하기 위해 '사랑합니다.'를 고백하게 하는 것이다. 이 고백은 **자기 안에서 메말라가는 사랑을 다시 샘솟게 하는 펌프이자 수차(水車)**인 것이다.

사랑이 없어서 사랑을 원하던 사람이
수년간의 지속적인 펌프질-내겐 책과 글이었다-로
사랑을 굳이 원하지 않아도 될 만큼 내 안의 사랑의 수차가 돌아가는,
혹여, 다시 메말라갈 때 마중물 한 바가지면 어김없이 콸콸 쏟아지는,
그렇게 마르지 않고 넘쳐서 사랑을 줄 수 있는 힘까지 얻은 것이다.

골을 넣을 뻔했던 것과 실제 골을 넣는 것은 다르다.
내 손에 잡힐 뻔했던 것과 실제 내 손에 잡은 것은 다르다.
알 것 같은 것과 실제 아는 것을 행하는 것은 다르다.
사랑하는 것 같은 것과 진심으로 사랑하는 것은 다르다.

전자들은 감정이고 후자들은 행동이다.
전자들은 0이지만 후자들은 상수이다.

전자들은 추상이고 후자들은 현상이다.
전자들은 미련이고 후자들은 확신이다.
차원이 다른 것이다.

사랑과 인정을 갈구하며 스스로를 외롭고 우울한 지경으로 몰고 가는 감정과의 사투는 '사랑한다'는 말을 반복하거나 정신훈련을 위해 해야할 실천이 반복되는 행동의 지속으로 나의 인생을 다른 경지로 몰고 간 것이 분명하다.

나를 사랑하는 사람만 사랑하는 끼리끼리의 사랑놀이나 나를 미워하는 사람에겐 미워하지 말라, 사랑해달라 갈구하는 비굴한 사랑놀이가 아니라 나를 어떻게 생각하든 내 속에서 사랑이 넘쳐 흘러 스며들게 하는, 나 자체가 사랑이 되는 그런 사랑놀이가 이제 시작되었음을, 그렇게 내 임상실험이 검증되었음이 '아. 가을이구나...'를 느끼면서 감지된 것이다.

외로움은 두 갈래의 길 앞에 자신을 세워둔다.
하나의 길은 자기 내면의 소실을 알아채지 못해 외부로부터의 갈구만 늘어 결국 스스로를 더 공허로, 자기상실로, 우울로 빠뜨리는 길.
다른 하나의 길은 자기 내면의 요구를 알아채 외부가 아닌 자기 속을 스스로 채울 수 있도록 동력을 제공하여 굳이 애쓰지 않아도 채워지고 흘러넘쳐 외부까지 스며들게 하는 길.

결국, 외로움이나 우울, 공허와 같은 감정은
외부로 시선을 돌려야 할지 내면으로 시선을 돌려야 할지,
감정에 집중해야 할지 정신에 집중해야 할지

선택의 시점에 자신이 서있음을 의미한다.

사람, 놀이, 일로 채워가는 외로움은
일시적인 이탈이며 더 짙은 외로움을 곧바로 등장시키는 반면
정신으로 채워지는 외로움의 질은 분명 다르다.

응당 정신으로 채워진 외로움의 다른 이름이 '고독'일 것이며
'고독'이 '사유'로 안내하기에 충분한 기능을 지녔으니
외로움은 사유로 날 이끄는 훌륭한 안내자가 아닌가.
그렇다면,
이렇게 훌륭한 안내자를 위하여 나는 더 '혼자'여야만 할 것이 아닌가…

'외로움'의 습격은 '스스로를 스스로로 가득 채우라'는,
아니 어쩌면,
'이제 자기로 자신을 채울 때'를 알려주는 신호인 것이다.

'오로지 자신으로 채워져 자신으로 흘러넘치는 분수처럼 살라'[1]는 릴케의 부드러운 표현처럼,
'태양도 혼자이고 하느님도 혼자이지만 악마만이 무리지어 돌아다니니 홀로 고독하라'[2]는 소로우의 단호한 조언처럼,
'모든 인간은 오로지 자기 자신과만 완벽히 조화로울 수 있고 이는 고독에서만 찾을 수 있다'[3]는 쇼펜하우어의 확신있는 주장처럼.

---
1 젊은 시인에게 보내는 편지, 릴케, 꿈꾸는 아이들
2 월든, 헨리데이빗소로우, 열림원
3 쇼펜하우어 인생론, 쇼펜하우어, 나래북

외로움은
나 역시 나로써 채울 수 있는 시간 위에 내가 서 있다는 신호가 아니었던가.
과거의 나는 사람이 싫어 혼자를 택했고
지금의 나는 혼자를 택해 사람이 좋다.

과거의 외로움이
인정받지 못하는 것, 내가 버려질 것 같은 두려움으로 택한 외부로부터의 고립이었다면
지금의 외로움은
스스로를 인정하고 외부로부터 어떤 장애가 주어져도 내 존재위에 내가 서 있다는 단단한 자발적 고립이다.

과거의 외로움이
우울과 공허의 진격에 저항하지 못하는 무기력을 동반했다면
지금의 외로움은
공허의 빈 곳에 우울이 침범하지 못하도록 그 속에 채울 것을 찾는 분주함을 동반한다.

나는...
자발적인 고립을 선택하여 날 시골로 옮겨놨다.
이 속에서의 외로움은 그렇게 내게 친구보다 다정하게...
오랜 시간 방치했던 내 오랜 친구, 나의 자아를 만나게 이끌어주는 소중한 감정이 되었다.

'결핍'에 대하여

결핍이 진정 단념의 이유인가?

'태양마중[1]'을 함께 하는 동반자[2]께서 주말 새벽, 가치있는 강의를 해주셨다. 경제적 자유를 꿈꾸며 자신만의 컨텐츠를 SNS에 알리는. 하지만 나 같은 아줌마가 후킹(?)으로, 구독자를 모으고 이것을 다시 돈으로 환원시키는 과정을 실현시키기는 참으로 소원한 일이 아닐 수 없다.

물론, 나 역시 유투브와 인스타계정도 있고 한때 나 좋아서 그냥 업로드했던 경험이 있다. 그런데 오늘 새벽 지인의 강의는 정말 내가 얼마나 대책없이, 무지하게 그 귀한 시간을 허투루 썼는지에 대해 적나라하게 알게 했다. 무조건 '열심히', '매일' 하는 것을 능사로 아는 나같은 사람은 SNS에서 크게 주목받지 못한다. 물론 이 허투루의 시간이 있었기에 오늘 새벽의 강의가 쏙쏙 와닿았고 '이렇게 하면 안 되는구나'도 알게 됐으니까 허투루가 허투루는 아니었지만 말이다.

여하튼, 오늘 강의는 나의 **단념**을 '**결핍**'으로 변화시키는 데에 충분했다.

---

1 태양마중 : 체계적 독서를 지향하며 만든 새벽북클럽.
2 난 새벽독서를 함께 하는 분들을 '동반자'로 여긴다.

난 SNS바보라고 스스로 진단, 규정해버리고 글만이라도 잘쓰자로 맘을 굳혔었다. 그렇게 나는 노트북속 한글파일에 글을 쓰고 -> 브*치를 비롯한 몇 개의 글플랫폼에 각각의 성격에 맞게 재편집해 발행한다. 원석(노트북 속 원 글)을 글 플랫폼의 구미에 맞게 가공, 변형, 변신시키는 재미가 나름 쏠쏠하고 이 과정에서 너무나 많은 것을 얻기에 나름 만족하고는 있지만

얼마전부터 문득 이런 생각이 자꾸만 내게 치고 들어왔다.
'내가 글로 먹고 살기를 다짐했지만 글만 주구장창 쓰는 쓴다고 될까?'
갑자기 허수아비가 된 듯했다. 마냥 두팔 벌리고만 있지 저어기의 참새는 쫒지도 못하는 신세가 되면 어쩌나 싶은 불안감이 배꼽 언저리에서부터 스멀스멀 올라오기 시작했던 것이다.

참, 신기하다. 궁해서 찾아진 것인지, 찾는지도 몰랐는데 운 좋게 얻게 된 것인지 내가 이런 고민에 빠져 있을 때 지인이 자신이 발을 들이기 시작한 유투브의 성공사례를 나와 공유해 주겠다고 제안한 것이다. 강의를 듣는 내내 난 유투브의 구독자를 모으는 그의 노하우를 배우는 것도 좋았지만 사실 더 큰 것을 깨달았다!

바로,
결핍과 단념의 상관관계!
'결핍'은 '부족'이기에 채울 수 없거나 어렵다. 그러니 '단념'할 수밖에 없다고 규정짓고 있었던 것이었다. 사실 결핍을 알게 되면 무지 속상하다. 가진 자가 부럽기도 하고 배우고 싶고, 하지만 '어차피 배워봤자 난 못할텐데'라는 스스로에 대한 한계에 발목잡혀 나는 **결핍을 쉽게 단념하기 위한 유리한 무**

기로 활용했던 것이다. 하지만, 결핍이 진정 단념을 위한 이유인가?
결핍이 있지만 단념만 하지 않으면 이는 현재에 국한될 뿐이다.
결핍이 있다고 단념까지 해버리면 이는 미래까지 영원히 없앤 것이다.

결핍은 과거부터 현재,
단념은 현재부터 미래.
자신의 미래를
과거의 결핍때문에 막고 서 있는 자는
다름 아닌 나였다.

진짜로 내게 SNS는 넘사벽이다. 거짓없는 나의 감각이 SNS세상에서는 오만가지 불협화음을 일으킬 것 같고 하품할 줄 모르는 부지런하고 깐깐한 이성은 3초에 승부를 거는 유투브나 인스타로는 도저히 표현할 재주가 없어서 나는 단념해 버렸던 것이다. 사실 해보지도 않았으면서 말이다.
내게 결핍이 비단 SNS뿐일까?
천만에!
이 외에도 수많은 결핍이 있다.
이 결핍을 연역해보니 내 안 깊숙이에는 열등과 자격지심[3]이 내재되어 있었던 것도 알아냈다.

부족하고 모자란들 뭘 어쩌겠는가?
그 부족과 열등이 지금의 날 만든 것인데!
이것마저 없었으면 그냥 그렇게 부족한지도 모르는 바보로,

---
3 본 글 '자격지심에 대하여(p.134)' 참고

내가 뭘 모르는지도 모르는 둔자로 살았을텐데
부족한 게 뭐 어때서?

삶의 가치와 관련된 문제에 접근할 수 있으려면, 우리는 삶의 밖에서 삶을 바라보는 입상을 가져야 한다. 지금 내가 살고 있으면서 지금 살고 있는 나를 판단하는 것은 불가능하다. 내 삶이 현재진행형인 상태라면 내가 내 삶을 평가할 수는 없다. 따라서, 과거로부터 지금까지의 결핍으로 미래의 가능성까지 모두 단념하는 처사는 아주 내 삶에 건방진 태도다.

내가 나의 가치를 평가하려면
나를 전혀 모르는, 또는 나를 포함한 모두의 입장에 서본 후에야,
아니면 내 삶을 다 살아보고 나서야 제대로 알 수 있다.
그러니 내가 나를 판단하거나 나의 삶의 가치를 논하는 접근은
정말 '모르는 게 뭔지 모르는' 것보다 더 어리석은 짓이다.
그런데 나는 내가 '해야 하는' 것이나 '하고 싶은' 것에서
나의 '결핍'을 '무능'으로 판단하고 '단념'의 근사한 이유를 만들었던 것이다.

단념은 외면이었고 회피였다.
물론, 살다가 '어쩔 수 없는' 경우도 있지만 '어쩔 수 없는 그것을 안하는' 선택도 있는데 난 아예 그 쪽을 쳐다도 보지 않았던 것이다.

단순한 결핍이었다면 다행이다.
그것이 현재상태이니 결핍을 지니고 살면 되니까.
그저 결핍인 채로 약하면 약한 대로, 못하면 못하는 대로 하면 되니까.

그런데 단념이라면 문제가 다르다.
미래에도 영원히 해내지 못할 것이라, 안 할 것이라, 해봤자 소용없을 것이라 결론내리고 사는 것이다. 도대체 내 이성이 어디서 절뚝거렸는지, 어디서 하품해대고 있었는지, 어디서 마냥저냥 한눈팔고 있었는지... 알려고도 하지 않은 것이다!

난 왜 결핍이 가는 길을 단념으로만 보낸 것일까.

음... 주원아, 괜찮다.
이제 '결핍'이 자유롭게 여러 길을 드나들도록 그냥 좀 냅두자.
이제 '결핍'도 자기 할 일하며 갈 길 가게 그냥 좀 냅두자.
이제 '결핍'도 내 인생에 개입해 뭔가 이유를 증명하게 그냥 좀 냅두자.

이성은 필요없단다.
이성은 그저 익숙한 길로 빨리 도착하려 조급할 뿐이란다.
하지만 찾아온 **'결핍'이 다른 길로도 들어서려 한다면 그냥 좀 냅둬라.**

물론, '결핍'이 새로운 길,
가령 '인정과 수용'이나 '시도와 도전'의 길로 들어설 때
너의 이성과 팔다리는 무지 괴롭겠지.
그래도 그냥 좀 냅둬보자.

그 녀석이
'단념'의 길로만 자기를 보내는 네게 원망이라도 퍼부으면 어쩔 것이냐?

그것이 가는 길목을 다 틀어막고 한길로만 내보내는 네 마음은 좋으냐?
그 '결핍'도 여러 길로 가봐야 가장 탁월한 하나의 길을 발견하지 않겠느냐?
그 녀석이 네 인생길에서 자기 맘대로 자유로이 설치게 그냥 좀 냅둬보자... 그리고!
네가 뭐가 잘나서 결핍없이 뭐든 충분히 채워져 있다고 자만하느냐?
결핍이 과잉보다 낫다는데 한쪽의 과잉이 감사하다면 결핍에도 감사를 보내는 게 순리가 아닐까?
자만하지 말고 결핍된 그것이 과잉된 그것만큼 키워졌을 때 네 인생이 어떻게 진화될 지 생각해보라.

주원아...
혹여, '결핍된 채로 그냥 살련다.' 하더라도 괜찮다.
어찌 사람이 모든 것을 다 갖추고 모든 것을 다 잘 해낼 수 있단 말인가?

하지만!
'해야 할', '유리한' 것이라서 '결핍'이 널 키우기 위해 온 것이 아닐까?
'결핍'된 그것이 '힘'이 필요하다고 네게 아양떨며 아부하는 것은 아닐까?
그렇게 네가 조금만 '힘'을 보태준다면 '결핍'은 네가 상상하는 것 이상의 보상으로 널 키워내지 않을까?

'결핍'에 감사하자.

'의지박약'에 대하여
진실해 보이려 더 길게 기도할 필요가 있을까?

'나는 너무 의존적이라 이런 내가 너무 싫어요! 왜 이렇게 남들에게 기대려 하고 왜 이렇게 남들 눈치를 보고, 도대체 나 혼자선 아무 것도 못하는 사람처럼... 그렇다고 해서 내가 독립적이지 않은 것은 아닌데... 아주아주, 정말 말도 안 되게 사소한 것들에서 너무 의존해요.'

나 또한 그랬다.

친구들이 우루루 만나자 약속한 날, 나와 제일 친한 친구가 가느냐의 여부에 따라 내가 모임에 참석할지 말지를 결정하는, 나 역시 스스로 모임의 본질을 떠나 그 친구의 걸음에 내 판단이 움직이는 그런 사람이었다. 소소한 친구들 모임이야 그렇다치고 어떤 일을 할 때에도, 가정사의 중요한 판단앞에서도 나는 '내가 이렇게 생각하는 게 뭐가 중요해? 00의 판단대로 따르면 되지' 했다.

그런데.. 그게 어때서?
이런 나도 나고

저런 나도 난데!
내 안에는 아무리 빼내도
조금의 결핍에도 어떻게든 생기는 가래나 농이 있듯이
약간의 느슨에도 스스로 자생하는 어리석음과 그릇된 판단이 있고
나약한 정신으로 출동 준비를 마친 비굴, 비겁, 두려움이 있다.

그런데.. 그게 어때서?
이런 모습도 나고
저런 모습도 난데!

하지만, 분명하고도 정확하게 알아야 할 것이 있다.
내가 의존적이라고, 남의 눈치를 많이 본다고 나 스스로를 부정적으로 매도하거나 비하하거나 그 감정에 사로잡혀서는 안 된다는 것이다! 감정을 느낄 게 아니라 정신의 해석이 필요하다. 그러니까, 세상에 존재하는 단어를 비롯한 모든 현상에는 감춰진 또 다른 이면이 있으니 그 이면까지 해석해야 한다.

'의존'이 존재하려면 '독립'이 존재해야 한다.
의존적이라서 독립적이지 않다?
독립적이라면 의존적이면 안된다?
그런 법이 어디 있는가?

'이것 아니면 저것'이라는 이분법적인 사고가 아니라
이 둘을 다 데리고 어떻게 균형을 맞추는지,
어디가 어그러졌는지를 해석해내는 정신의 힘이 필요하다.

사람은 '생존'하며 '존재'한다.
생존은 외부로, 존재는 내면으로.
생존은 의존으로, 존재는 독립으로.
생존은 신체로, 존재는 정신으로.
생존은 함께, 존재는 홀로.
이렇게 인간의 존재는 be와 being이 상호의존적이어야 인간인 것이다.

따라서, 의존한다는 것은 생존을 위해 외부에서 일어나는 당연한 현상이며 그렇다고 해서 독립적이지 않은 것이 아니라 상호독립을 위해 서로 의존하되 너는 너대로, 나는 나대로의 독립된 개체이면 되는 것이다.

친구가 안 가면 나도 안 가고 친구가 가면 나도 가고.
내가 그 친구에게 '모임에 나가는' 결정에 의존하면 어떠리.

중요한 해석은 '그 모임이 내게 어떤 의미인지'에 따라 친구가 가든 말든 내가 갈지 말지를 정해야 하는 해석이 부족한 것이지, 친구에게 의존하는 내가 나약한 존재는 아니라는 의미다. 그 모임은 그냥 친구에 의해 결정해도 되는, 그런 모임인 것이다. 그러면 맘껏 의존하면 된다. 그렇게 의존하면서 맘껏 즐기고 오면 되는 것이다.

한번 생각해보라.
내가 의존적이면 독립적이지 않으니 의존하면 안된다! 라고 여긴다면 혹여 내게 의존하려는 대상에게 '넌 독립적이지 않으니까 내게 의존하지마!'라고 해야 하는 것이 아닌가? '의존적'인 사람을 나약하다거나 독립적이지 않다는, 부정의 시선으로 바라본다면 내게 '의존'하려는 이도 그렇게 바라봐야 하는데... 과연 그런가?

의존하는 것이 독립적이지 않은 것이 아니라
어디에 의존하고 어디서 독립해야 하는지에 대한
해석과 판단이 부족한 것은 아닐까?

또한,
의지, 의존은 '책임의 욕구'가 방출되는 길이다.
책임이 요구되는 곳에는 대개 심판으로 정해진 처벌이 따른다.
그렇다면,
의지와 의존에는 처벌을 두려워하는 심리도 작용하고
이로 인해 스스로가 '책임, 즉 죄책감을 갖지 않으려는' 목적을 띠고 있다고도 하겠다.

즉, **의존이 강하다. 의지가 약하다는 해석은** 책임지려는 욕구는 있으나 능력의 부족하거나 죄책감이 과하게 심리적으로 가동되기 시작했다는 신호이니 과연 어떤 연유로 죄책감이 내면에서 올라오는지 어떤 능력이 부족한지를 해석해야지, 의지의 약함이나 의존의 강함을 부정으로 몰아갈 필요는 없다. 가뜩이나 죄책감을 전제하는 의지와 의존인데 거기에 의존과 의지 자체를 무능과 죄책으로 몰아가서 스스로를 괴롭힐 필요는 없을 것이다.

나는 부족하다.
나는 모른다.

나는 인정받길 원한다.
나는 혼자서는 두렵다.
나는 나약하다.

괜찮다!
이런 나이기에 내겐 사람이 필요하고 사람에게 도움받고 그렇게 자신을 조금씩 키워나가면 된다. 그렇게 키워진 나라면 충분히 나와 같은 누군가를 더 품고 더 포용하고 더 배려하고 더 챙겨줄 수 있는 내가 되는 것이다.

진실해 보이려고 더 길게 기도하고
인자해 보이려고 더 진한 미소를 짓고
열의를 보이려고 더 높이 목청을 올리고
사랑을 표하려고 더 멀리 손을 뻗는 것보다
더 중요한 것은
진심으로, 진정으로 나의 크기와 정도를 그대로 표현하려는 시도이다.

부족하고 모자라고 나약한, 실수를 너머 오류투성이인 나지만
그게 어때서? 이런 나도... 나인데...
그 부족이 나를 부정하는 감정이지 않고
그 부족이 날 키우는 해석으로 간다면
부족은 채워지고
나약은 강해지고
오류는 바로잡힐 것이다.

이러한 성찰과 자각이
부족과 나약, 오류가 내게 온 이유인 것을.
내가 나를 키워내는 것이 혹 버거울까봐 그런 감정이 내게 오는 것을.
나를 키워 어디든 쓰려는 더 큰 존재가 날 강하게 키우려는 시도인 것을.

그러니,
의존하려는, 의지가 꺾이는
자신을 발견한 자체가 감사이며
발견한 자신이 너무나 사랑스러운 존재인 것이다.

약한 의지와 강한 의존이 가는 길은
내가 더 책임있는 사람이 되어
스스로를 바로 세우기 위한 바둥거림이며
더 진실되게 자신을 드러내어 보다 더 자신을 키워보라는 신호다.

'옹졸'에 대하여

어리석게 일관된 장난

어렵다...
힘들다...
버겁다...

요 며칠 이 감정들에 제압당하며 나는 발버둥쳤다.
그런데...
이 새벽, 찰나에...
왜 이 감정들이 날 제압했는지
그 정체와 이유가 떠올랐다!

보고 싶은데 보지 못하고
먹이고 싶은데 먹이지 못하고
그냥 가고 싶은데 가지 못하고
손잡고 싶은데 손내밀지 못하고
와락 안고 싶은데 등부터 보이고
전하고 싶은데 전하지 못하고...

하얀 이 드러내어 웃어주고 싶은데
네 맘 다 안다 내 속 내보이고 싶은데
나도 그랬다 사과하고 싶은데...

아니 어쩌면...
왜 내게 웃어주지 않냐고
왜 내 맘 몰라주냐고
왜 내게 먼저 사과하지 않냐고...

내 진심 좀 알아달라고
내 속내 좀 읽어달라고
내 마음 좀 그냥보라고...

옹졸.
옹졸로 인해서였다.

이 얄궂은 감정이 내 안에 꽉 들어차
그 위에 1g의 용기라도 얹어보려니
그 무게감에 무겁고 힘들고 어려웠던 것이다.
괜시리 일탓, 환경탓, 남탓했던 것이다.

뭔가 하는 일이 어렵거나
되게 하려 힘든 것이 아니라
내 안에 들어찬 옹졸함, 치졸함, 좁은 나의 속이

내 정신에 착각을 일으킨 것이었다.

그러고 보니...
어렵다, 힘들다...는 감정도...
할 일이 있어 내게로 온 이 감정도...
비좁은 이 마음에 자리잡느라 어렵고 힘들었겠구나........
'옹졸함'을 내게 알게 하고자 정말 어렵고 힘들었겠구나...

어리석은 일관성은 옹졸한 마음의 장난이다[1].

옹졸의 장난이 요즘 부쩍 심해진 것이다.
어렵고 힘들었던 이유는 **옹졸의 장난** 때문이었다.
그렇게 나는 어리석었던 것이다.

일관되게 옹졸해서
일관되게 어리석고
일관되게 어렵고 힘들고 버거웠던 것이다.

그저 내려놓지 못하는 원망과 오해... 그저 하얀 이 드러내며 웃어주면 그만인 것을 그리 하지 못하는 **옹졸한 일관**이 나의 새날을 가로막고 있었다. 그러면서 힘들다고 어렵다고 오히려 가련히 굴기까지 했으니 이 얼마나 '어리석은 일관'인가? 나의 행복은 왜 이다지 허약해서 흔하디 흔한 일상의 기쁨마저 스스로 가로막고 있는 것인가?

---

1 랄프왈도에머슨, 자기신뢰철학, 동서문화사

기억에 질질 끌려 다니고
그것을 지키려 애쓰는 가련한 자는 되지 말아야지.

지키는 집착의 일관이 아니라
버리는 허용의 일관되어야 하리라.

어쩌면...
이리도 집요하고 바쁘게 날 몰아치는 성정의 버거움은
어떻게든 내가 부여한 가치에 도달하여 날 안도시키고자 하는 욕망일지도
모르겠다. 이제는 버릴 때가 됐는데도 그러지 못하는 나의 어리석은 일관이
옹졸함과 장난치며 내 심정에서 마구 놀아대도록 허용까지 해버렸으니 그
결과는 '어렵다, 힘들다'는 자기변명앞에 날 세워버린 것이다.

결국,
내가 부여한 목표의 가치에 스스로 둔감해지는 길로 날 데려간 것이다.

하지만, 난 어리석지 않다.
어렵고 힘든 상황은 분명
신이 날 넘어뜨리기 위해,

그리고
다시 일어서는 힘이 있는지 보려 하기 때문이다.
거대한 파도가 작은 배들을 시험하며 몰아치듯
이 위험한 세상에서 작은 내가 난파당해 마땅한지,

그럼에도 불구하고
항해를 계속 해도 될지 지켜보기 위해서다.

또한,
내게 어렵고 힘든 상황이 오는 것은
걱정이 더 차올라도
깨지지 않는 정신인지 시험하기 위함이고
걱정이 한탄으로, 토로로, 좌절로 이어지는 수문은
잘 닫혀 있는지 확인하기 위함이며

혹 어쩌면,
이 나약한 정신을 일깨우다 지친 신이
나 스스로 일어나라는 명령일지도,
세상일로 버거운 신이 자기 좀 쉬게 도와달라
내게 내민 쵸콜렛보다 달콤한 손길일지도 모르겠다.

어렵다...
버겁다...
힘들다...

이 감정들에 대한 감사를 이제서야...
나는...
알아버렸다...

여전히...
난 어리석지만...
여전히...
난 알아간다...

옹졸의 장난이 이리 '자각'으로 일관될 수 있다면...
이 또한 의미있지 않을까...

'자신감'에 대하여
자신이 없는 것인가, 자만한 것은 아닌가?

우리는 매우 상냥하면서도 상처받기 쉽고 행복에 쉽게 무너지면서도 서로를 위로하고 도우며 사랑과 감사를 전하면서 지속적으로 행복을 추구한다. 이러한 성정을 '인간다운' 삶, '인간'의 정체성으로 규정짓고 그렇게 자신을 이끄는 것이 '착한 사람'이 되어 '좋은 인생'을 사는 것으로 여기며… '적당한' 인생의 행로에서 혹여 헛발질로 지옥에라도 떨어지지 않을까 불평불만과 짜증, 강박에 근접한 질주 속에서 입가에 미소를 지은 채 사회로 뚜벅뚜벅 걸어 나간다.

여기서 억지로 만들어진 '근육'이 팽창하다 터지다, 터진 곳이 아물기 전에 또 터질까 하는 아픔이 두려워 우리는 자신이 만들어 놓은 행로에서 조금이라도 이탈하면 '자신없어'한다. 나도 그렇다. 억지로 만든 근육은 과거의 상황과 비슷한 언저리 어디쯤에서라도 당시의 느낌을 부활시키며 '자신없다'며 멀치감치 떨어지게 한다.

지금 내가 집중해야 할 작업은 앞으로 수년이 걸릴 지 모를, 책을 통해 얻은 명제를 바탕으로 나만의 사상을 구축한 책을 집필하는 것이다. '나부터 바로 세우는 이기가 전체를 위한 이타가 된다'는 논리를 하나의 꿰로 꿰고 싶은데 여전히 부족한 지식과 논리와 근거, 더 나아가 그 길고 긴 이야기를 용감하게 써낼 감량이 아니라는 자격지심에 여전히 나는 '자신없다'라는 말만 물고기처럼 뻐끔거린다.

자신없다... 는 심정이 가득한 내 속을
찬찬히... 아주아주...
깊은 바닥까지 들여다 보기로 했다...

그 속엔... 놀랍게도...
자만...이... 있었다...

자신이 없는 것인가.
자만한 것은 아닌가.

자신없어 이 이유 저 이유 모두 갖다 대지만 타당과 합리가 꽤 어설플텐데 갖다댄 이유만으로 타당하다고 나는 자만했던 것이다.

수려한 말발로 청중에게 호소하면 그 눈빛마저 속일 수 있으리란 자만,
숨참고 허리를 졸랐지만 참고 있는 미세한 호흡조차 들키지 않으리란 자만,
유식한 단어 외워 폼나게 강의하면 바닥난 지식 탄로나지 않으리란 자만,
애교, 아양, 예의, 격식, 도덕으로 포장하면 뒤에 감춘 미운 모양새 보이지 않을 것이란 자만,
빳빳한 명함에 한 줄 더 넣으면 인격까지 한 단계 높아질 것이란 자만,

자신없어 행한 이 모든 이면에는
자만이 있다...

자신없어도 잘 살아낼 수 있다는 자체가 자만아닌가?
자신없어서 이리 머물러도 된다는 자체가 자만아닌가?
자신없으니 '자신없어서'라는 말 뒤에 서도 된다는 자만아닌가?
그리고 또!
자신있게 행한 모든 것들의 결과가 얼마나 만족스럽길래
자신감타령 하는 것인가...?

자만!
자신만 모르는 치매.
언제 발작할 지 모를 간질[1].

불치병에 걸린 자신을 그대로 냅둬도 된다는 자만...
아... 자만은 '없는데 있는 체하는' 허영이다.

자만과 허영,
이 두 단어는 르네상스가 태동되었던 14세기 이전까지 '신의 도움이 필요하지 않다'는 의미로 사용되었다고 하니 과도한 자신에의 믿음, 심지어 **과대망삭적 자기애**이다. '자신없다'의 이면에 자만과 허영이 감춰진 것을 알아버렸으니 이제 자신없다는 말과 기억과 감정에 숨은 '현실의 나'는 어여 항복하고 그저 앞으로 한발 더 나아가는 것이 '진정한 자신감'이라는 사실을 인

---

1 그리스철학자열전, 동서문화사 / 헤라클레이토스편.

정해야만 하겠다.

'시험당하는 것을 두려워하지 않고 오히려 자신의 힘으로 그 시험을 통과하리라는 것은 자만이며 이는 죄[2]'라는 일침처럼 자신없어 안하거나 못하고, 그저 '자신없어' 피해버린 그 잘못의 결과는 내 이성과 감정의 역사에 밀기고, 내 변화와 성장을 위해 주어진 배움을 외면하는 것, 결과될 것을 미리 가늠하여 창조의 태동을 미루는 것 자체가 자만임을 깨닫는 것이 우선이겠다.

힘이 없어서 힘든 일을 안 해도 된다는 무책임,
돈이 없어서 주는 대로 받아도 된다는 비합리,
학벌이 없어서 모르는 것이 당연하다는 안이처럼 자신이 없어서 지금 주어진 의무를 극복하지 못해도 괜찮다는 조야한 발상은, 본연의 자아를 외면하는 정신이며 극복되어야 할 것에 저항하지 않으려는 반항이며 책임져야 할 곳에 자신을 세워야 하는 노력에의 나태일지도 모른다.

'그대는 지금 장차 그렇게 될 모습처럼 성스럽다.
그대가 준비되자마자 신께서는 자신을 그대 안에 쏟아붓게 될 것이다[3].'

가슴에 이 뜨거운 성현의 글귀가 품어져 있은들 무엇하리.
'자신없어서' 미루고 시작도 못하고 있다면 말이다.
'장차 그렇게 될 모습'을 원하지 않는 처사일지도,
'장차 그렇게 될 모습'을 믿지 않는 불신일지도,

---

2 호라티우스 보나, 영혼을 인도하는 이에게 주는 글. 생명의 말씀사.
3 영원의 철학, 올더스헉슬리, 김영사

'장차 그렇게 될 모습'을 시도하자마자 스스로 이룰 수 있다는 자만일지도...

몰라서, 힘이 없어서, 생각이 모자라서, 경험이 달라서... 그러니 자신없지만 해보는 것. **영원한 우연성과 신성한 무관심**을 믿고 꾸역꾸역, 묵묵히, 의도에 대한 의심없이 가다 보면 나도 모르는 어떤 때에 '준비'가 되어 있을테고 '준비되자마자' 내게 자신의 모든 것을 쏟아부을 신이 대기하고 있으니 이제,
아양, 애교부리지도 말고
타당없는 이유 꺼내지도 말고
'언제 생길지도 모를 자신감' 기다리지도 말고

그냥... 시행착오.를 떠안고 가보는 거다.
자만말고 겸손과 순응의 자세로 말이다.

자신없는 자에게 주어진 시행착오.
이는 지식의 암묵지에서 자신만이 지닌, 그러니까 희소가치를 매우 높여주는 무기이다. 자신없지만 걷는 겸손한 자에게는 자신만의 착오경험이 최고의 가치로 기적을 불러올 것이며 자신없어서 걷지 않는 자만한 자에게는 완전함을 기다리는 어리석음이 기회를 탕진케 할 것이다.

어쩌면...
그의 인생은...
망설이고 숨고 기다리다가 끝이 날지 모른다...

'반성'에 대하여
인간은 '반성'에 예속된 하나의 추상물

*본 글은 지난 24.12.3 비상계엄의 선포에 대한 대통령의 인터뷰를 듣고 24.12.9 일에 작성한 글입니다.

여의도에 다시 촛불이 켜졌다.
한사람 한사람, 개인의 힘은 미약할지 모르나 다수의 인간이 단결하면 죽음도 불사하고 돌진의 힘도 커진다. 다시 모인 하나하나의 촛불은 우리 각자가 사회에 예속된 한 주체자로서 자신의 결정에 대한 반성으로, 스스로를 심판하는 뜨거운 눈물의 불꽃인지도 모르겠다.

개인은 설사 그것이 무슨 일이든, 언제나 자기가 반성이라는 것때문에 예속하지 않을 수 없는 하나의 추상물에 속하고 있다는 것을 자각하지 않을 수 없다[1].

이렇게 모인 한사람 한사람은 인류애나 애국심, 자선, 또 자기 비밀과 같은 목적에 도달하기 위한 스스로의 어떤 반성때문에 모두 같은 곳으로 발걸음

---

1 키에르케고르선집, 키에르케고르, 집문당

을 옮겼을 것이다. 동기와 의도에 차이는 있을지 몰라도 분명한 것은 **각자의 자각에 의한 의지가 집결**되었고 개인의 소망은 그저 소망일지 모르지만 다수의 소망은 민심이자 천심으로 창대해지고 있다는 것이다.

사람의 마음을 얻어 천지의 부름에 응하는 것이 정치일텐데 지각없는 판단과 발언, 이에 대한 알맹이없는 반성과 사과에 우롱당한 민심은 이 우메하기 그지없는 자에게 촛불을 통해 명확히 전하고자 하는 분명한 의지가 있는 것이다.

다수를 자발적으로 모이게 한 힘의 강도는 천심 무서운 줄 모르고 내뱉은 판단과 발언, 반성없는 사과의 강도와 비례한다. 우매하다는 표현조차도 사치스러운 경지를 우리는 사실로서 직시하고 있다.

사람의 마음을 얻는 것은 지배욕이 아니라 섬김이어야 한다. 위가 아니라 아래여야 한다. 혹여 이를 모르는 누군가가 나타날까 봐 이 진리를 극명하게 보여주는 영웅이 우리 앞에 나타났으니 이를 고맙다고 해야 할지… 이렇게까지 직접 보여주지 않아도 되는데 뭐하는 짓이냐고 혼구녕을 내야 할지…

영웅이 되기 위해 아주 값비싼 대가를 치르고 그 자리에 올랐다고 치자. 그리고는 영웅의 자리에서 부여받은 모든 권력과 비리와 협작, 게다가 언제든 자신을 위해 목숨바칠 충견 몇 마리까지 동원하여 보다 쉽게 그 자리를 지킬 수도 있다고 치자. 하지만 소수를 잠깐동안 농락하거나 부릴 수 있을지는 몰라도 다수는 어림없다.

'**지고(至高 [2])에 존재하는 가치까지 손에 넣을 수는 없다**'는 사실을 망각한, '우매'조차 사치가 된 인간은 자기답게 반성하고 사과한다. 이 때의 반성은 매맞기 싫어서, 몇 대 덜 맞으려고, 조금 덜 아프게 맞으려는 수작을 너머 과도한 열망은 멸망만이 갈 길이라는 사실을 증명한 행위이며, 스스로 자신의 멸망이라는 증표에 사인을 한 셈이다.

마음을 바꾸는 것은 광야에 길을 내는 것만큼 어려운 일이다.
마음을 바꾸지 않은 '반성'은
'반성적 사고'에 길들여지는 함정에 스스로를 빠뜨린다.
바뀐 것은 없는데 반성만 일삼는…
'반성'으로 자신의 과오나 오류에
정당한 대가를 치렀다는 착각의 함정.
하지만 이런 식으로 '반성을 사용하는 인간'은 '반성의 참 의미'를 제대로 알려주기 위한 하나의 나쁜 사례로서 적합하게 쓰일 수는 있겠다.

우리의 교육이 '반성적 사고'를 중요한 덕으로 삼는 데에는 '반성해야 할' 일을 미리 알고 처신하는 자세의 함양과 혹여 모르고 저지른 잘못에 대한 '반성' 이후의 '자각'과 '변화'를 위함이지 '반성에 길들여져 반성을 행위의 마침표'로 여기는 아둔한 행위를 가르치기 위해서는 아니다. 심지어, 지금처럼 높은 의식 수준에서 자행한 '반성의 자각'으로 스스로 집결하는 '행위'를 이끈 동력제공자처럼 '반성이 오히려 죄값을 보태는 인간사례' 하나를 양산하기 위해서는 더더욱 아닐 것이다.

---

2 지고(至高) : 더할 수 없이 높은

반성은 바뀐 행위를 전제해야지 반성자체가 행위의 결론이어서는 안된다.
반성은 과오를 사유로 이어야지 반성자체가 사유의 질료여서는 안된다.
반성은 내용의 변화를 요구하는 것이지
내용물은 그대로 둔 채 눈속임용 포장이 되어서는 안된다.
반성은 진정성의 증명이어야지 의도를 품은 일시적 우회도로여서도 안된다.

반성은 화려한 제스츄어나 화술로 상대의 눈과 귀를 향하는 것이 아니라 언어의 실체에 담긴 '비언어'로 상대의 심장을 향해 전달된다. 게다가 '반성'은 '행위'의 변화를 동반하지 않으면 더 커다란 '반성꺼리'를 몰고 자기 인생에 다시 찾아온다.

가슴아픈 실화가 있다.
가까운 지인이 직접 나눈 대화이기에 내겐 커다란 울림이었다.

세월호 사건으로 딸을 잃은 아버지가 지인에게 이렇게 말했다고 한다.
"내 딸을 죽인 것은 나였다. 삼풍백화점이 무너졌을 때 나와 내가 아는 어떤 누구도 피해를 입지 않았다. 나는 다행이라 여기면서 마음으로 아주 안타까워했다. 하지만 안타까워만 했다. 그리고 오늘 우리 딸이 죽었다."

깊은 의미를 담은 이 짧은 몇 마디가
정치외교는 불안정하고
국교와 국가철학(國家哲學)이 무너져가는 것을 느끼고
시민의 불안과 황망이 최고치를 향하고 있는 지금…
나에게 던진 메세지는 상당하다.

'시대의 요구'에 조금 더 앞으로 고개를 내밀어야 하지 않을까....
'시대적 증표'로서 나는 지금 여기서 무엇이라도 해야 하지 않을까...
'시대의 과오'를 안고 살아가는 우리 기성세대처럼 지금 청년들의 가슴에 사상의 아픔, 불의의 역사를 남겨 주어서는 안되지 않을까...

옳음을 식별해낼 시야와
옳음을 판단해낼 정신과
옳음으로 두 다리를 옮길 수 있는 신체를 위해
민감하게 깨어있어야 하지 않을까...

아마 나와 같은 기성세대들이 여럿 있지 않을까 싶은데..
지금 내가 뭘 할 수 있을까. 내가 한다고 뭐가 바뀔까... 하며 예고된 반성을 만나기 싫어 내 집을 떠나 허름한 숙소로 터를 옮긴 것처럼 자아를 떠나 방황하는, 그런 심정을 가진 이들... 감히 나의 자아가 열망하는 그것대로 자신이 움직였을 때 남겨질 상처가 두려워 자아를 당분간 떠나있는 게 낫겠다고 판단한 이들... 어떤 변화라도 생기면 그 땐 가만히 있지 않겠다며 조야한 자신을 애써 달래는 이들...

지금 여기서...
나는 무엇을 어떻게 해야 할 것인가...

'압박감'에 대하여
내게로 흘러 온 비밀스런 능력

압박감.
버거울 때, 힘겨울 때, 그리고... 난감할 때...
무겁고 무섭고 무력하고 무도하기까지한...
뭔가에 짓눌린 느낌...

우린 이를 '압박감'이라 부른다.

책임이 과했던 것인지
의무에 약했던 것인지
여하튼 '압박감'을 토로하는 이들은 의외로 많다.
다들 너무 열심히 산다는 증거다.

하지만, 압박감이 내게 진입한 이유가
날 짓밟아 땅속으로 처박기 위해서일까?
날 짓뭉개 부푼 가슴을 빼내기 위해서일까?
날 짓눌러 꾸던 꿈을 빼앗기 위해서일까?

날 짓궂게 가지고 놀다 내다 버리는 위해서일까?
천만에!

압박감.
압박이 되었을 때 느끼는 감정이다.
압박은 꽉 채워졌을 때의 현상이다.
빈틈없이 들어찬 온전한 상태이다.
자기 한계만큼 다 썼다는 의미이다.
애썼다, 잘했다 칭찬받을 감정이다.

뿐만 아니다.
압박은 밀도까지 촘촘하다는 의미이다.
곧 폭발직전이라는 의미이다.
폭발하면 사방팔방으로 퍼질 것이란 의미이다.
내가 쌓아온 무엇이든 간에 세상으로
전해진다는, 뿌려진다는, 알려진다는, 솟구친다는 의미이다.
내 안의 씨앗이 변신을 거듭해
결국 세상 여기저기서 싹을 틔운다는 의미이다!

드디어 나의 영혼이,
폭발이 일어난 그 자리에 모체로서 존재하며
울타리를 부숴 버리려는 목적[1]을 이뤘다는 의미이다.

---

1 카잔차키스는 [영혼의 자서전]에서 '모든 영혼은 울타리를 부숴 버리려는 똑같은 목적을 추구한다'고 언급했다.

이런 해석도 가능하다.
거죽 내지 표피에 틈이 생기거나 늘어날 것이란 의미이다.
지금의 크기보다 무조건 커진다는 의미이며
커진만큼의 공간이 생긴다는 의미이며
공간만큼의 자유가 부여된 의미이다.

자유가 부여된다는 것은 결국,
선택지가 생긴다는 의미이다!!!
늘어난 공간에 무얼 채울지를 선택할 수 있다는 의미이다.
압박까지의 구속으로 자유로운 선택지에 도달한다는 의미이다.

압박감은
드디어 구속의 문을 열 해방의 전조이며
기어이 해내고서 맞이할 자유의 조짐이며
마땅히 당도해야 할 곳 앞에 설 초월의 징조이며
기필코 더 큰 내가 드러나려는 분출의 암시이며
여전히 살아있음을 증명해낼 감사의 징후이다.

압박감은
자유의 본체로서
잉여의 대지로서
창조의 양수로서
선택의 스승으로서
목적의 동원력으로서

시도한 자만이 누릴 수 있는 마땅한 선물이다.

단,
아직 식지 않은 감자를 손에 쥔 듯 다소 뜨거울 뿐이다.
아직 덜 마른 종이에 번진 글씨처럼 다소 어색할 뿐이다.
아직 해가 남았는데 먼저 켜진 불꽃이라 다소 희미할 뿐이다.

그러니,
뜨거운 감자라면 잠시 내려놓고 다시 잡으면 될 것이고
어색한 글씨라면 조금 더 쳐다봐 읽어내면 될 것이고
희미한 불꽃이라면 해가 곧 떨어 질테니 기다리면 될 것이다.

그럼에도 불구하고,
압박이 심하다면,
그 중압감에 못 견디겠다면
눈을 부릅뜨고 정면으로 대응하라.
'네 이빨이 뽑히나, 내 살점이 뜯기나'
'네 창이 부러지나, 내 방패가 뚫리나'

그러면,
압박감은 겁이 나서 도망치며
찰나보다 짧은 순간에
영원히 줄어들거나 사라지지 않을
비밀스런 능력을 내게 흘리고 갈테니….

'수치심'에 대하여
하나의 수치는 하나의 신뢰와 맞먹는다.

나는 나에게 박한 것일까.
아니다.
그저 내게 '쉽게 용서받는 관성'을 주지 않으려 함이다.
나는 나를 쉽게 용서하지 않는다.

예전의 나는 그랬었다.
'내가 이렇게 해서 당신이 어떻게 볼까 걱정했어요.'
'내가 저렇게 하면 당신이 실망하겠지요?'
'내가 그렇게 하더라도 당신이 날 미워하지 말아줘요.'
여기까지였다.

나의 그 때는.
어설픈 나약과 비겁으로 상대에게 배약(背約)이 강요되었다.
지금은 감히 아니라고 말할 수 있겠다.
나는 나부터,
쉽게 용서하지 않으니까.

나의 표현수단인 말과 행동, 글로 내가 누군가와 약속한 것이라면, 그 '약속'에는 '나와의 약속'이 선 전제되어 있기에 상대와도 그리 손가락을 걸었던 것이다. 내가 '새벽 4시엔 매일 책을 읽겠다.', '매일 5시엔 글을 발행하겠다.'라고 글에 담고 상대와 대화로 말을 섞었다면 이는 나를 위해 글과 상대에게 나의 부실한 자발(自發)을 돕도록 내가 유도 내지 요청한 것이리라.

그러니
손가락을 걸지 않아도,
도장을 찍지 않아도,
무언가를 담보로 잡히지 않아도.

약속이란 것이
다짐이란 것이
공략이란 것이
제 아무리 글에만, 말에만 담았을지언정
나와의 약속이 전제되어 있다.

세상속에 희미하게 남겨졌고,
아니,
세상이 다 잊었더라도
자신은 알지 않는가.

자신의 의지가 타협당하지 않고
자신의 감정이 매수당하지 않고

**자신의 정신이 양보당하지 않는,
그런 자는 언제나 강하다.**

때문에 그들은 어떤 경우에도, 어떤 누구 앞에서도 자신의 일상만을 말할 뿐이지만 당당하고 신뢰롭고 '듣기 좋은'이 아니라 '필요한' 말을 해도 괜찮은 권리와 자유를 부여받았다고 할 수 있다.

신독(愼獨).이라면 너무 거창한 표현일까.
내가 말과 글로 세상에 이렇게 표현하고 저렇게 행동했다면 상대가, 세상이 어찌 생각할까 걱정하고 두려워하고 민망해하기보다 나 자신이 나를 어떻게 생각하는지부터 먼저 물어야 한다. 나를 내 인생의 동반자로서 데려가기에 적합한지부터 먼저 들여다보며 스스로에게 **수치심**을 느껴야 한다. 이것이 이해를 구하고 양해나 오해가 관계의 틈에서 싹트지 못하게 할 길인 것이다.

나는 이러한 이유로 나를 쉽게 용서하지 않는다.
이는 벌을 가하거나 나를 미워해서가 아니라 나 자신에게 우선 떳떳하고 당당해야 누구에게든 나의 시간, 나의 감정, 나의 정성, 나의 무언가를 소중히 여겨달라 요청할 권리의 획득이 가능하기 때문이다.

내가 나와의 약속에서 수치심을 느끼지 못한다면
상대가 나와의 약속을 어겨도 결코
실망이나 원망을 품거나 분개해선 안된다.

사실 나는 누군가가 나와의 약속을 지키지 않았다고 해서 상대를 수치스럽게 여기지 않는다. 하지만 자기 스스로와도 약속을 지키지 못하면서 그것을 수치스럽게 여기지 않는, 그런 자를 곁에 두고 정성을 쏟은 나 자신에게는 수치스러움을 느낀다.

하나의 수치심은 하나의 신뢰와 맞먹는다.
수치심이 많을수록 신뢰가 쌓이고
수치심이 없을수록 신뢰는 무너진다.

나는 어느 누구라도
내 영혼에 그을음을 남기고
내 정신을 시들게 하고
내 감정에 멍에를 걸고
내 신체에 허투(虛套)를 드리우게
나를 허용하지는 않겠다.

큰 것 안에 작은 것이 들어가야 당연할진데
인간만이 작은 신체에 위대한 내면을 담을 수 있는 존재다.
인간만이 작은 심장에 거대한 우주를 엮어 뛰게 할 존재다.
인간만이 작은 두손에 원대한 미래를 쥐고 걸어갈 존재다.

'인간만이'는 '나만이'다.
내가 나의 위대함을 거머쥐려면 '나 자신에게 먼저 떳떳해야' 할 것이다. 나 자신에게 떳떳할 때 또는 떳떳하다는 것에 자신할 때 나는 세상을 향해, 우주를 향해 이리 소리칠 권리마저 누릴 것이다.

"여기까지 해냈으니 당신도 이제 차비를 서두르시오!"
"여기까지 해냈으니 내게 방심하지 않겠다던 당신약속 지켜주시오!"
"여기까지 해냈으니 내가 원하는 모든 것, 가질 거라던 당신장담 보여주시오!"

이런 이유로
난 나를 쉽게 용서하지 않는다!

'좌절감'에 대하여

내 능력을 무시하고 내 의지를 배반한 처사

"난 못해."
"나는 해도 안 될거야."
우리는 자주 이런 표현을 한다.
무언가를 시.도.할 때 이러한 부정성은 늘 우리의 앞길을 방해한다.

부정성은
무언가를 피하고 싶을 때 자신의 내면에서 고개를 쳐드는 익숙한 녀석이다. 미래를 알지도 못하면서 보지, 듣지, 알지 않으려는 나태한 녀석이고 앞으로의 기대와 희망에게 대적하기 위해 분노와 비탄과 불안으로 둔갑한 강한 녀석이다. 하지만, 분명 우리는 안다. 또 무언가를 시도하고 도전할 자신이란 것을. 그래서 우리는 시.도. 자체를 들여다볼 필요가 있다.

試圖(시험할 시 / 그림 도)
이미 그려진 그림을 위해
지금 날 시험하고 시험에 통과하는 것이 '시도'다.

그러니 시도하지도 않고 "난 못해." "우리는 해도 안 될거야."라고 표현한다는 것은 어쩌면 **시험해 보려는 의지나 용기의 문제가 아니라 그림을 그려보지 않았거나 그림이 없거나가 아닐까.**

다시 말해, 뭘 시도해야 할 지도 모르면서
'시도'자체를 부정하는 **무지**가 아닐까.
'시도'자체의 막연함을 거부하는 **나태**가 아닐까.
'시도'자체의 결과를 뻔하다고 재단한 **기만**이 아닐까.

이렇게 부정성은 '시도로 얻은 결과'인 상황이나 현상에 있는 것이 아니라 자기 내면에서 아주 익숙하고 쉽게 출몰하는 감정으로부터, 즉 내면에서 상황을 거부하고자 출동한 녀석이란 말이다. 그러니 상황과 내 속의 부정성은 아무 상관이 없는데 '나의 무지'가 그것을 애써 연결지어 마치 연관된 무언가처럼 인지해 버리는 '무지로 인한 오류'를 범하는 것이다.

시도한다는 것은 해보지 않았기 때문에 시도인 것이지 이미 해본 것은 시도 자체가 필요없다. 무언가를 원해서 하고자 할 때 실패의 연속이라도 또 다른 방법을 시도하는 것은 전혀 경험이 없는 새로운 것이기에 이때 출몰하는 부정성은 과거의 실패한 상황에서 나온 것이지 앞으로 시도하는 과정에서 나온 것이 아니다.

결국, 나의 능력을 쭉쭉 펼칠지, 능력이 있는데도 오그라들게 할지를 결정하는 것은 나의 감정이다. 더 구체적으로 말하면, 나의 과거상황 속에서 싹텄던 감정인 것이다.

이를 이해한다면 새로운 시도와 부정감정을 연결짓도록 내 이성에게 허락하지만 않으면 된다.

그렇게 할 때,
'난 못해'가 '해볼까?'로,
'우린 해봤자 안돼'가 '함께 하면 되겠지?'로 바뀌고
게다가
'안되면 그만이지!' 배포도 커질 것이다.

해보지도 않고 좌절감에 휩싸이는 것은
나 자신에게 비겁한 처사다.
내 능력을 무시한 처사이며
나를 번영시키려는 의지를 배반한 처사다.

좌절감은
원하는 결과가
원하는 시점에
원하는 모습으로 나오길 바라는 욕심에서 비롯된다.
해보고 또 해보고 안되면 다시 하고...
행동의 반복과 결과에 대한 확신에는 좌절감의 자리가 없다.
왜?
된다고 믿으니까.

결국, 무언가 결과를 낸다는 것은
감정을 어떻게 제압하고 조절하고 다스리느냐,
이성을 어떻게 해석하도록 잘 이끄느냐에 달려 있지.
능력과는 무관한 것이다.

안해 본 것에는 아무 능력이 없기에...
능력은 반복으로 키워질 수 있기에...

'간절함'에 대하여

앙망은 신적

앙망(仰望)은 신적(神的)이다[1].

간절히 우러르는 마음(仰望)은
신으로부터(神的) 온다.

마음속의 외침,
내 속에서 뭔가 바람처럼 부드럽고 불꽃처럼 뜨거운...
이는 신으로부터 전해진 영혼의 소리다.
이파리 사이로 바람을 일으켜 나무들을 정화시키듯
나와 나를 둘러싼 인간들 사이로 신은 바람을 일으켜 내게 신호한다.

거대한 자연은
모두 담으라
모두 삼키라
모두 느끼라

---

1 아미엘일기, 아미엘, 범우사

내가 서 있는 여기로 계속 신호한다.

앙.망.

내 속에서 들리는 가느다란 소리

내 속에서 스치는 간지러운 감촉

내 속에서 울리는 두근대는 진동

내 속에서 퍼지는 은밀스런 향기

내 속에서 느끼는 날카로운 긴장

바람한 점 없던 내 마음에

슬며시 느껴진 세풍은

나를 둘러싼 모든 것들 사이 쉴 새 없이 불어댄 연풍이리라.

둔탁한 내 속으로까지 닿아야만 했던

신이 내게 보내는 간절한 의지이리라.

앙.망.

이를 외면할 용기도

이를 배척할 배짱도

이를 거부할 권리도

아무 것도 없는 나는

내게로 다가오는 모든 현상과 사물에 더 세세하게 침투하여

나의 인식 속에 숨어 있던 비판이 탈출을 시도해도 침묵하며

그렇게

내 속에서 들리는 새로운 요구에 존중을 보내리라.

내 속에서 제 아무리 짙은 한숨과 탄식이 몸집을 불려도
나는 이를 제압, 제거, 억제하지 않아야 할 것이다.

신이 영혼을 통해 내게 보낸 신호…
신적(神的)은
앙망이 현실의 실체를 예고하는 전조이며
인간후보자인 나를 인간으로 승격시키고자
신이 차비를 마쳤다는 무언의 신호이니
나는 그저 모든 것에 체념하고
앙망쪽으로 한 발을 내딛어야겠다.

'착함'에 대하여
너는 주위의 장난감이 된 것이다.

'엄마, 착한 것과 호구는 달라'
아들의 한마디에 난 뒤통수를 한대 얻어맞은 듯했다. 아... 맞아. 그렇지. 착하고 순진한 것과 이로 인해 내가 호구가 되는 건 완전히 다른 차원이지? 사람은 참으로 둔하다. 알면서도 알지 못하는 것들이 너무 많다.

한번 더 응해주면 되지.
한번 더 이해하면 되지.
한번 더 참아주면 되지.
한번 더 기다리면 되지.
한번 더 넘어가면 되지.
한번 더 맞아주면 되지.

내게 '한번 더'는 인내이자 배려이자 겸손이었다. 그런데. 상대가 '한번 더'를 (의도가 있든 없든) 내게 요구할 수 있다는 것은 그만큼 내가 '한번 더'를 잘 해왔기 때문인 것이다. 그러니 상대는 내가 이번에도 '한번 더'를 해줄 것이라 여기는 것이다.

이 정도는 내가 하지 뭐.
이 정도는 내가 참지 뭐.
이 정도는 무시하지 뭐.
이 정도는 가만히 있지 뭐.
'이 정도'라는 기준을 아주 하향으로 세워놓고 나를 '무시해도 괜찮은', '상처 줘도 괜찮은', '몰라줘도 괜찮은' 사람으로 내가 나를 세워둔 것이다.

호구...는
'한번 더'와 '이 정도'를 멈춰야 할 지점인데도
바보처럼 알지 못하고 '착한 짓'을 해버리는,
그래서 오히려 내가 나를
함부로 대하게끔 허락한 대가로 받은 이름이다.

**겸손과 배려, 인내의 질척은
호구로 봐도 좋다는 보증이다.**

사실 나는 '착하다. 순수하다. 영혼이 맑다'는 소리를 심심찮게 듣는 사람이다. 심지어 날 잘 아는 지인은 자신의 글에 나를 거론하기까지 했다. '맑은 영혼에 대해 가장 와닿는 정의는 브런치에서 작가로 활동하는 김주원 교수의 '인식, 관념에서 탈피한 영혼'이 아닐까 생각한다[1].'

그런데 나는 '선(line)'을 넘은 것이다.
너무 순진하고 순수하고 맑다 못해 호구가 된 것이다.

---

[1] 브런치 작가로 활동하는 제노아 작가의 글 https://brunch.co.kr/@417061919d91410/104

내게 습관처럼 약속을 어긴다거나
내게 습관처럼 변명을 해댄다거나
내게 습관처럼 싫은 말을 한다거나
내게 습관처럼 난해한 태도를 보인다거나
내게 습관처럼 거짓 다짐으로 이해시키려 한다면
'한번 더' 참지 말고 '이 정도'에서 멈춰라.

맑고 순수하지만 '힘'이 있어야 한다.
나를 함부로 대하지 않도록 날 보호할 수 있어야 한다.
'배려'와 '인내', '사랑'을 제대로 삶에 사용할 줄 알아야 한다.
날 스스로 싸구려 취급하지 않아야 한다.

착한 것은 선한 방향으로 가는 시작일 수 있지만 호구는 어리석은, 그래서 해가 되는 방향으로 가는 시작이기에 **0과 1의 차이다.** 0과 1은 1만큼의 거리가 아니라, 무와 유, 꺼짐과 켜짐, 잠재와 발현의 차이처럼 전혀 다른 차원이다.

'오지랖'과 '정성'이 한끗 차이로 감사와 주책으로 나뉘듯
'착함'과 '호구'도 한끗 차이로
인격적인 주체가 되느냐
장난감이 되느냐의 차이인 것이다.

멈출 때 멈춰야 한다.
나아갈 때 나아가야 하고
힘을 줘야 할 때 힘을 줘야 한다.

호구가 되지 않으려면 말이다.

운명은 결코 언어가 아니다.
전생에 한 행위의 결과이다.
그렇게까지 소급할 것도 없다.
한사람 한사람의 생활이 그 운명을 만들어간다.

왜 너는 약한가?
네가 수없이 양보했기 때문이다.
그래서 너는 주위의 장난감이 된 것이다.
네가 주위에 힘을 주었기 때문이지 주위가 너를 약하게 한 것이 아니다.[2]

---

2 아미엘일기, 아미엘, 범우사

'기대'에 대하여

기대해서 믿었나, 믿기에 기대했나

우리는 자주 얘기한다.
기대한다고...
그런데.. 기대의 속성을 들여다보면
기대했기에 더 크게 잃을 수밖에 없음을 알게 된다.

기대하지 말고 믿어라.
기대말고 믿음을 원하라.

기대(期待)는
어떤 일이 원하는 대로 이뤄지도록 기다리는 것, 즉 과거부터 현재까지
결과없이 느껴지는 감정이며

믿음은
어떤 사실이나 사람을 믿는 것, 즉 과거부터 현재까지
결과의 실체를 바라보는 정신이다.

즉,
기대는 추론에 의한 유추를 기다리는 바이며
믿음은 실체에 의한 사실을 검증하는 바이다.

기대가 있었기에 믿었는가
믿기에 기대하게 되었는가

난 나에게 기대말고 믿음을 구하련다.

기대는 의욕을, 의지를 불러오고
의욕과 의지는 부담을 생성하며
부담은 변명과 은폐를 진입시켜
결국, 기대는 실망과 단절로 이어져 농간과 원망의 관계를 양산한다.

믿음은 의무와 책임을 불러오고
의무와 책임은 포기와 체념을 전제하며
포기와 체념은 해야 할 행동의 순위를 결정짓고
결정된 순위대로의 행동은 그 강도와 총량이 증가하니
결국, 믿음은 절제된 감정의 이성적 효과를 증명한다.

단어의 미묘한 의미를 굳이 따져서 뭐하겠냐마는
늘 기대만 주는 이가 옆에 있고
아무것도 안 주지만 믿음 가는 이가 옆에 있으니
단어의 미묘한 차이까지 인지해 사용하려고 나는 나에게 당부하는 것이다.

기대는 혀를 자극하고 믿음은 뇌를 자극한다.
자극된 혀는 더 강한 자극을 위해 거짓으로 진입하며
자극된 뇌는 더 강한 자극을 위해 진리로 진입하니

**이런 이유로 나는 타인에게
기대말고 믿음을 갈구한다.**

기대는 목소리를 키워 망언을 낳고
믿음은 말을 삼켜 침묵을 낳는다.
망언은 허상이라도 보여주고
침묵은 아무 것도 보여주지 않지만
그래서 믿음인 것이다.

자리를 지켜내고 지켜주는,
무의식에 자리한 존재의 육중한 무게감에
아무 것도 볼 수 없고, 보이지 않더라도
그래서 믿어지는 것이다.

애쓰지 않아도
티나지 않아도
말하지 않아도
그래서 믿어지는 것이다.

분명
'거기에는 그 것이 있으니…'

기대말고 믿음을 원한다.
기대말고 믿음을 주련다.
기대하는 감정보다
믿고가는 정신으로

나는 나를
나는 그를
그는 나를
그렇게 가려한다.
그래야 이어진다.

관계의 발작과 경련

읽고 쓰는 이들을 위한 지담의 인문학 에세이
책, 글, 삶에 대하여 – 감정편

초판 1쇄 인쇄 : 2025년 11월 07일
초판 1쇄 발행 : 2025년 11월 10일

글 : 김주원
그림 : 이화정
디자인 : 정근아

출판사 : 건율원
출판등록 : 신고번호 제 2024-000026호
주소 : 경기도 양평군 청운면 청운삼성길 64-15
전화 : 010 9056 9736

(C) 김천기, 김주원, 이화정, 정근아 2025

ISBN : 979-11-989986-5-1 (03800)

* 이 책의 전부 또는 일부 내용을 사용하려면
  반드시 저작권자와 건율원의 동의를 받아야 합니다.
* 인쇄, 제작 및 유통상에서 발생한 파본 도서는 구입하신 서점에서 교환가능합니다.
* 단체주문을 원하시는 분은 건율원에 문의주시기 바랍니다.